韩山师范学院基础教育研究系列

综合化学实验

袁明华　主编

暨南大學出版社
JINAN UNIVERSITY PRESS

中国·广州

图书在版编目（CIP）数据

综合化学实验/衷明华主编. —广州：暨南大学出版社，2014.8
ISBN 978-7-5668-1035-9

Ⅰ.①综… Ⅱ.①衷… Ⅲ.①化学实验—高中—教材 Ⅳ.①G634.81

中国版本图书馆 CIP 数据核字（2014）第 110212 号

出版发行：暨南大学出版社

地　址： 中国广州暨南大学
电　话： 总编室（8620）85221601
营销部（8620）85225284　85228291　85228292（邮购）
传　真：（8620）85221583（办公室）　85223774（营销部）
邮　编： 510630
网　址： http：//www.jnupress.com　http：//press.jnu.edu.cn

排　版： 广州市天河星辰文化发展部照排中心
印　刷： 广东广州日报传媒股份有限公司印务分公司

开　本： 787mm×960mm　1/16
印　张： 6.25
字　数： 118 千
版　次： 2014 年 8 月第 1 版
印　次： 2014 年 8 月第 1 次

定　价： 20.00 元

前　言

化学是一门以实验为基础的学科，实验教学不仅传授学生化学知识和训练其实验技能，还培养学生的科学思维、精神及品德。

20 世纪，国内大多地方院校化学类专业的实验课一直是以无机化学实验垫底、物理化学实验盖帽、其余二级学科实验各行其是的概况。该实验体系特点：①实验构建在二级学科的基础上并依附于相应的理论课，实验内容经典但层次不高。②各门实验课均发展了比较完善的实验教学体系，但相互间协调不够以致有低水平的重复。③一方面，实验室规模小，手段落后，仪器设备欠缺；另一方面，仪器设备重复购置现象严重，资源共享困难。

我们结合自身的教改实践，在一级学科的基础上将各二级学科的实验整合为“基础化学实验”，删除不必要的重复内容及部分低水平的实验，将多出的实验课时用于开设“综合化学实验”。我们将“综合化学实验”定位为化学专业类学生在大四进行毕业论文或毕业设计时的过渡或跳板。参加“综合化学实验”讲义编写的教师有衷明华、朱全力、吴云影、任乃林、陈春明、李伟杰、邱永革、郝桂霞、许丽丽、严赞开、张永利、蔡龙飞、黄俊生、赖鹤鋆、才红等，最后由衷明华统稿并定稿。

教材编写力求做到：

（1）既能立足于地方院校实验条件的实际又能达到综合训练的目

的，实验不仅是化学理论、方法原理的综合，而且是实验方法、仪器设备的综合。

（2）突出原创，既能训练学生查阅手册、工具书和获取网络资源信息的能力，又能训练学生相互协作的团队精神。

（3）适当增加新内容、新方法、新技术，开阔学生视野，努力提高学生的实验兴趣，注重创新意识的培养。

（4）以学生发展为本，多角度训练学生正确选择实验方法、实验条件、仪器和试剂等，使学生具有解决实际问题的基本能力。

由于编者水平有限，书中难免有不足之处，恳请广大读者批评指正。

袁明华

2014年3月于潮州

目　录

实验一　三草酸合铁（Ⅲ）酸钾的制备及其组成的测定

一、目的要求

（1）了解氧化、还原、络合等反应的原理，掌握三草酸合铁（Ⅲ）酸钾的制备方法。

（2）掌握络合物组成的测定方法。

（3）熟练掌握溶解、加热、沉淀、过滤以及滴定分析等基本操作。

二、实验原理

三草酸合铁（Ⅲ）酸钾是翠绿色晶体，可溶于水而难溶于乙醇；对光敏感，光照下发生分解；是制备负载型活性铁催化剂的主要原料。本实验是以 Fe（Ⅱ）盐为原料，先制取 $FeC_2O_4 \cdot 2H_2O$，再通过氧化、络合等多步反应制得 $K_3[Fe(C_2O_4)_3] \cdot 3H_2O$。主要反应方程式如下：

$$FeSO_4 + H_2C_2O_4 + 2H_2O = FeC_2O_4 \cdot 2H_2O + H_2SO_4 \quad (1)$$

$$6FeC_2O_4 \cdot 2H_2O + 3H_2O_2 + 6K_2C_2O_4 = 4K_3[Fe(C_2O_4)_3] + 2Fe(OH)_3\downarrow + 12H_2O \quad (2)$$

$$2Fe(OH)_3 + 3H_2C_2O_4 + 3K_2C_2O_4 = 2K_3[Fe(C_2O_4)_3] + 6H_2O \quad (3)$$

在反应物的混合液中加入乙醇后，便析出三草酸合铁（Ⅲ）酸钾晶体。析出物的组成可用氧化还原滴定法进行测定。

1. $C_2O_4^{2-}$ 含量的测定

$C_2O_4^{2-}$ 含量可直接用 $KMnO_4$ 标准溶液在酸性介质中滴定，根据消耗 $KMnO_4$ 标准溶液的体积（V_1）和浓度计算出 $C_2O_4^{2-}$ 的含量。反应方程式如下：

$$5C_2O_4^{2-} + 2MnO_4^- + 16H^+ = 10CO_2\uparrow + 2Mn^{2+} + 8H_2O \quad (4)$$

2. Fe^{3+} 含量的测定

Fe^{3+} 含量的测定是采用 $SnCl_2-TiCl_3$ 联合还原法，先将 Fe^{3+} 还原为 Fe^{2+}，然

后在酸性介质中，用 $KMnO_4$标准溶液滴定试液中 Fe^{2+} 和 $C_2O_4^{2-}$ 的总量，再根据消耗 $KMnO_4$标准溶液的体积（V_2）与测定 $C_2O_4^{2-}$ 含量时消耗的体积（V_1）以及此标准溶液的浓度计算出试液中 Fe^{3+} 的含量。其滴定反应方程式如下：

$$MnO_4^- + 5Fe^{2+} + 8H^+ = Mn^{2+} + 5Fe^{3+} + 4H_2O \quad (5)$$

为了避免因 Cl^-存在而发生诱导反应和便于终点颜色的判断，需加入由一定量的 $MnSO_4$、H_3PO_4和浓 H_2SO_4组成的混合液。其中 $MnSO_4$可防止 Cl^-对 MnO_4^-的还原作用；H_3PO_4可与滴定过程中产生的 Fe^{3+}络合生成无色的 $[Fe(PO_4)_2]^{3-}$阴离子，从而消除 Fe^{3+}对滴定终点颜色的干扰。

三、仪器与试剂

仪器：减压过滤装置、电子天平、玻璃漏斗、酸式滴定管、100mL 移液管、容量瓶。

试剂：$Na_2C_2O_4$（基准级）、$KMnO_4$（S）、硫酸亚铁铵（S）、H_2SO_4溶液（$3mol \cdot L^{-1}$）、磷酸、$K_2C_2O_4$溶液（饱和）、H_2O_2溶液（30%）、$H_2C_2O_4$溶液（S）、锌粉、$MnSO_4$。

$MnSO_4$混合液：称取 1.5g $MnSO_4$溶于 50mL 水中，缓慢加入 13mL 浓 H_2SO_4，再加入 30mL H_3PO_4（85%），再加水稀释到 100mL。

四、实验参考步骤

1. 制取 $FeC_2O_4 \cdot 2H_2O$

称取 2g $FeSO_4 \cdot 7H_2O$ 晶体于烧杯中，加入 20mL 去离子水和 1mL H_2SO_4溶液，加热使其溶解。然后在不断搅拌下加入 20mL $H_2C_2O_4$溶液（2.52g），加热至沸腾。静置，待黄色 $FeC_2O_4 \cdot 2H_2O$ 晶体沉淀完全后，倾析弃去上层清液。晶体用少量去离子水洗涤 2～3 次。

2. 制取 $K_3[Fe(C_2O_4)_3] \cdot 3H_2O$

在盛有黄色晶体 $FeC_2O_4 \cdot 2H_2O$ 的烧杯中，加入 10mL $K_2C_2O_4$溶液，加热至 40°C 左右，缓慢滴加 20mL H_2O_2并不断搅拌，此时沉淀转化为黄褐色。将溶液加热至沸腾以除去过量的 H_2O_2。

分两次加入 10～15mL $H_2C_2O_4$，第一次加入 10mL，然后将剩余的 $H_2C_2O_4$慢慢滴入，直至沉淀溶解。搅拌几分钟后溶液呈翠绿色。加热浓缩除去过量的草酸，冷却，即有翠绿色 $K_3[Fe(C_2O_4)_3] \cdot 3H_2O$ 晶体析出。抽滤，称量并计算产率，将产物避光保存。

3. 产物组成的测定

（1）配制高锰酸钾标准滴定溶液。配制500mL 0.01mol · L^{-1}的 $KMnO_4$溶液，并标定其准确浓度。

0.01mol · L^{-1}的 $KMnO_4$标准溶液的配制：称取计算量（0.8g）的 $KMnO_4$溶于1 000mL去离子水中，盖上表面皿，加热至沸腾并保持20～30min，随时加水补充蒸发损失。冷却后，在暗处放置7～10天，然后用玻璃棉过滤除去 MnO_2等杂质。滤液贮于洗净的棕色瓶中，摇匀，放置暗处保存。若溶液煮沸后在水浴上保持1h，冷却后过滤，则不必放置7～10天，可立即标定其浓度。

0.01mol · L^{-1}的 $KMnO_4$标准溶液浓度的标定：准确称取3份计算量（0.1g）的 $Na_2C_2O_4$于250mL锥形瓶中，加40mL去离子水及10mL 3mol · L^{-1}的 H_2SO_4，加热至75℃～85℃（瓶口开始冒热气），趁热用待标定的 $KMnO_4$溶液进行滴定，滴定至溶液呈微红色，半分钟内不褪色即为终点。平行测定三次，根据 $Na_2C_2O_4$的质量和消耗的 $KMnO_4$的体积计算 $KMnO_4$标准溶液的准确浓度。

（2）测定 $C_2O_4{}^{2-}$。准确称取0.1～0.13g左右的样品，放入锥形瓶中加入30mL水，加入5mL $MnSO_4$溶液和5mL H_2SO_4溶液，加热至75℃～80℃，用 $KMnO_4$标准滴定溶液滴定至浅粉红色，记录消耗滴定剂体积（V_1）。平行测定三次，计算 $C_2O_4{}^{2-}$的含量。

（3）测定 Fe^{3+}。将上述溶液加入过量的锌粉，待反应完全后抽滤，将滤液转移到锥形瓶中，加入2mL $MnSO_4$溶液、2mL H_2SO_4溶液，用 $KMnO_4$标准滴定溶液滴定至浅粉红色，记录消耗滴定剂体积（V_2），平行测定三次，计算 Fe^{3+}的含量。

（4）计算络合比。根据测得的 $C_2O_4{}^{2-}$与 Fe^{3+}的含量，按下式计算 $K_3[Fe(C_2O_4)_3] \cdot 3H_2O$ 中 $C_2O_4{}^{2-}$与 Fe^{3+}的络合比。

$$n(C_2O_4^{2-}) : n(Fe^{3+}) = \frac{m(C_2O_4{}^{2-})}{88.0} : \frac{m(Fe^{3+})}{55.8}$$

五、注意事项

（1）用 $KMnO_4$滴定 $C_2O_4{}^{2-}$时，温度不能超过85°C，否则草酸会发生分解。

（2）在制取 $K_3[Fe(C_2O_4)_3] \cdot 3H_2O$ 中加热浓缩时，若冷却时不析出晶体，

则说明溶液未达饱和，可继续加热浓缩或加入 5mL 95% 的乙醇，即可析出晶体。

（3）$KMnO_4$是强氧化剂，H_2O_2既有氧化性又有还原性，使用时注意安全，避免触及皮肤或衣物。

六、问题与思考

（1）实验室制备的 $K_3[Fe(C_2O_4)_3]\cdot 3H_2O$ 应如何保存？为什么？

（2）测定 $C_2O_4^{2-}$ 时为什么要加热？温度是否越高越好？为什么？滴定速度应如何掌握为宜？

（初玉霞编　才红提供）

实验二　三氯化六氨合钴（Ⅲ）配合物的合成及组成的测定

一、实验目的

（1）通过合成三氯化六氨合钴（Ⅲ）并测定其组成，进一步理解配合物的形成对金属离子稳定性的影响。

（2）学会测定配合物组成的一般方法。

二、实验原理

根据标准电极电势，在酸性介质中，二价钴盐比三价钴盐稳定，而在其配合物中，大多数三价钴的配合物比二价钴的配合物稳定，所以常采用空气或过氧化氢氧化钴（Ⅱ）配合物来制备钴（Ⅱ）配合物。

本实验用活性炭作催化剂，在过量氨和氯化铵存在下，用过氧化氢氧化氯化亚钴溶液来制备三氯化六氨合钴（Ⅲ）。其总反应方程式为：

$$2CoCl_2 + 2NH_4Cl + 10NH_3 + H_2O_2 = 2[Co(NH_3)_6]Cl_3 + 2H_2O \quad (1)$$

得到的固体产物中混有大量活性炭，可以将其溶解在酸性溶液中，过滤掉活性炭以后，在较高浓度的盐酸溶液中将其结晶出来。

三氯化六氨合钴为橙红的单斜晶体，20℃时在水中的溶解度为0.26mol · L^{-1}。在$[Co(NH_3)_6]^{3+}$溶液中存在如下平衡：

$$[Co(NH_3)_6]^{3+} + H_2O = [Co(NH_3)_5H_2O]^{3+} + NH_3\uparrow \quad (2)$$

$$[Co(NH_3)_5H_2O]^{3+} = [Co(NH_3)_5OH]^{2+} + H^+ \quad (3)$$

从$K_{不稳}$值可以看出，$[Co(NH_3)_6]^{3+}$离子是很稳定的，因此在强酸的条件下冷却或强酸的作用下基本不分解，只有加入强碱并在沸腾的条件下才分解，反应方程式为：

$$2[Co(NH_3)_6]Cl_3 + 6NaOH = 2Co(OH)_3 + 12NH_3\uparrow + 6NaCl \quad (4)$$

在215℃时［$Co(NH_3)_6$］Cl_3转化为［$Co(NH_3)_6Cl$］Cl_2，若进一步加热，高于250℃则被还原为$CoCl_2$。

三氯化六氨合钴煮沸时可被强碱所分解，释放出氨来［反应式（4）］。逸出的氨用过量的标准HCl溶液吸收，剩余的酸用标准NaOH溶液回滴，便可测定出氨的含量。Co^{3+}和Cl^-的含量分别用间接碘量法和沉淀滴定法测定。

除三氯化六氨合钴（Ⅲ）外，钴（Ⅲ）的氨合物还有许多种，如［$Co(NH_3)_5H_2O$］Cl_3（砖红色晶体）、［$Co(NH_3)_5Cl$］Cl_2（紫红色晶体）等，它们的制备条件各不相同。例如，在没有活性炭存在下制得的是［$Co(NH_3)_5Cl$］Cl_2，在活性炭存在下制得的主要是［$Co(NH_3)_6$］Cl_3。

三、仪器、药品

仪器：托盘天平、电子天平、锥形瓶（250mL，100mL）、抽滤瓶、布氏漏斗、量筒（100mL，10mL）、烧杯（400mL，100mL）、试管、酸式滴定管（50mL）、普通漏斗、玻璃管、胶塞。

药品：$CoCl_2 \cdot 6H_2O$（固体）、NH_4Cl（固体）、KI（固体）、活性炭、HCl（$6mol \cdot L^{-1}$）、标准HCl溶液（$0.5mol \cdot L^{-1}$）、H_2O_2（6%）、浓氨水、NaOH（10%）、标准NaOH溶液（$0.5mol \cdot L^{-1}$）、标准$Na_2S_2O_3$溶液（$0.1mol \cdot L^{-1}$）、标准$AgNO_3$溶液（$0.1mol \cdot L^{-1}$）、K_2CrO_4（5%）、冰。

四、实验步骤

1. 三氯化六氨合钴（Ⅲ）的合成

在100mL锥形瓶内加入6g研细的氯化亚钴（$CoCl_2 \cdot 6H_2O$）、4g氯化铵和7mL水，加热溶解后加入0.3g活性炭，冷却，加14mL浓氨水，进一步冷却至10℃以下，缓慢加入14mL 6%的过氧化氢。在水浴上加热至60℃左右，并维持此温度约20min（适当摇动锥形瓶），用自来水冷却后，再用冷水冷却至大量晶体析出。转移至布氏漏斗中抽滤，用滤液冲洗锥形瓶，将瓶中沉淀全部转移至布氏漏斗中，抽干得粗产品。将粗产品溶于含有2mL浓盐酸的50mL沸水中，趁热过滤。慢慢加入7mL浓盐酸于滤液中，以冰水冷却，即有晶体析出。抽滤，用少量乙醇洗涤，抽干，将固体置于真空干燥器中干燥或在105℃条件下烘干，称重，计算产率。

2. 三氯化六氨合钴的组成测定

（1）氨的测定。

准确称取 0.2g 三氯化六氨合钴（Ⅲ）晶体，放入 250mL 锥形瓶中，加 80mL 水溶解。然后加入 10mL 10% 的 NaOH 溶液。在另一锥形瓶中准确加入30 ~ 50mL 0.5mol · L^{-1}标准 HCl 溶液，锥形瓶浸在冰水浴中冷却。按图安装仪器，安全漏斗下端固定于一小试管中，试管内注入 3 ~ 5mL 10% 的 NaOH 溶液，使漏斗柄插入小试管内液面下约 2 ~ 3cm。整个操作过程中漏斗下端的出口不能露出液面之上。小试管口的胶塞要切去一个缺口，使试管内与锥形瓶相通。加热样品溶液，开始时大火加热，溶液开始沸腾时改用小火，始终保持微沸状态。蒸出的氨通过导管被标准 HCl 溶液所吸收。约 1h 后可将氨全部蒸出，取出并拔掉插入 HCl 溶液中的导管，用少量蒸馏水将导管内外可能沾附的溶液冲入锥形瓶内。以甲基红（1%）为指示剂，用 0.5mol · L^{-1}标准 NaOH 溶液滴定剩余的盐酸，计算被蒸出的氨的量，从而计算出样品中氨的百分含量。

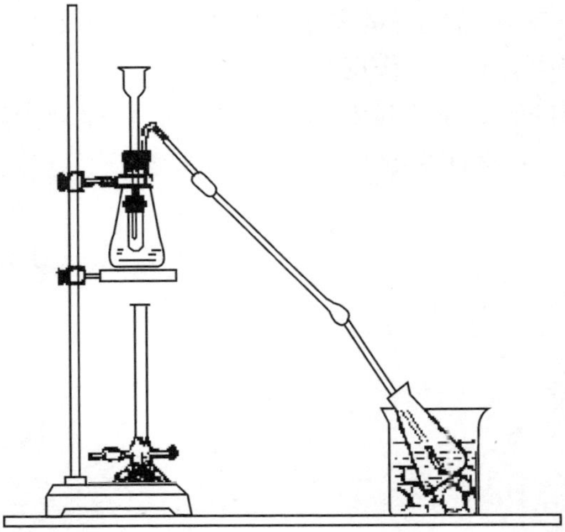

实验二装置图

（2）钴的测定。

待上面蒸出氨后的样品溶液冷却后，取下漏斗（连胶塞）及小试管，用少量蒸馏水将试管外沾附的溶液冲洗回锥形瓶内，加入 1g 固体 KI，摇荡使其溶解，再加入 12mL 6mol · L^{-1}的 HCl 酸化，于暗处放置 10min，此时便发生如下反应：

$$2Co^{3+} + 2I^- = 2Co^{2+} + I_2 \quad (5)$$

加入60~70mL蒸馏水，用0.1mol·L^{-1}的标准$Na_2S_2O_3$溶液滴定析出I_2，从反应式（5）的物质的量关系便可计算钴（Ⅲ）的量以及它在样品中的百分含量。

（3）氯的测定。

准确称取样品0.2g于锥形瓶内，用适量水溶解，以5%K_2CrO_4为指示剂，用标准0.1mol·L^{-1}的$AgNO_3$滴定其中的Cl^-含量，从而计算出样品中氯的百分含量。

根据上述分析结果，求出产品的实验式。

五、思考题

（1）三氯化六氨合钴（Ⅲ）配合物制备过程中在水浴上加热20min的目的是什么？可否加热至沸腾？

（2）加入H_2O_2和浓盐酸时都要求慢慢加入，为什么？它们在制备三氯化六氨合钴（Ⅲ）过程中各起什么作用？

（3）在测定氨的装置中小试管口的胶塞没有切掉一个缺口，或漏斗口没有插入试管内碱液中，各有何影响？

（李振泉编　郝桂霞提供）

实验三　三氯化铁氧化法制备二苯基乙二酮

一、实验目的

通过学习本实验并掌握采用三氯化铁氧化安息香制备二苯基乙二酮的方法，进一步巩固回流加热反应、抽滤、重结晶等基本操作，熟悉熔点测定仪的使用操作。

二、实验原理

二苯基乙二酮，也称联苯甲酰、苯偶酰、联苯酰、二苯酰，可用作有机合成中间体；紫外光照射下，二苯基乙二酮裂解为自由基，引发聚合物链间交联，因此可用作光引发剂（光敏剂）使聚合物固化；另有研究表明，二苯基乙二酮是羧酸酯酶的选择性抑制剂，可用作杀虫剂。

二苯基乙二酮可先由苯甲醛通过安息香缩合制得安息香，再经氧化剂硝酸、硫酸铜、三氯化铁等氧化制得。本实验直接以安息香为原料，在冰醋酸水溶液中采用三氯化铁作氧化剂，粗产物通过酒精重结晶提纯后得到最后产品。反应式如下：

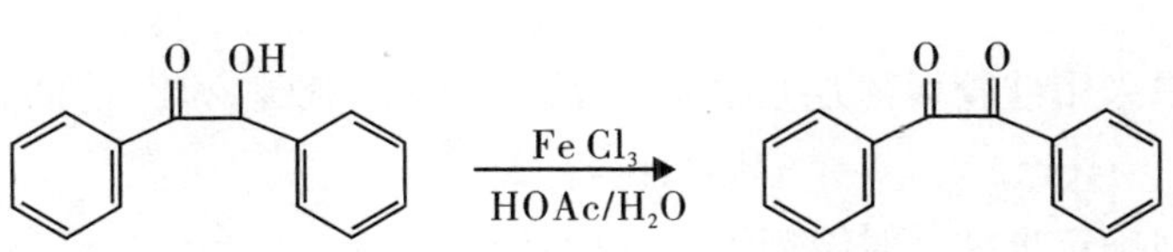

三、试剂及仪器

试剂：安息香（自制）、$FeCl_3 \cdot 6H_2O$、乙醇（95%）、冰乙酸。

仪器：三口圆底烧瓶（100mL）、回流冷凝管、电热套（带搅拌装置）、温度计、布氏漏斗、抽滤瓶、熔点测定仪、烧杯等。

四、实验步骤

在100mL三口圆底烧瓶上装上回流冷凝管和温度计，加入10mL冰乙酸、5mL水及9.00g（约33mmol）$FeCl_3 \cdot 6H_2O$，搅拌加热至沸腾。停止加热，稍冷后，加入2.12g（10mmol）安息香，继续加热回流1h。在有条件的情况下，可采用硅胶板薄层层析监测反应过程，用适当溶剂（如正己烷/乙酸乙酯）展开，用紫外灯或者高锰酸钾溶液显色后，观察原料点和产物点的变化，当原料基本消失时，表示可以结束反应。

反应完成后，加入50mL水，重新煮沸后，将反应液冷却至室温，有黄色固体析出。抽滤，并用冷水洗涤固体3次。粗产品约2.00克，产率约95%。

粗产品用95%的乙醇重结晶，产品充分干燥后，称重，用熔点测定仪测定产物熔点。产物一般为淡黄色晶体，产量约1.7g，产率约80%，熔点文献值94℃~95℃。

五、注意事项

（1）溶解$FeCl_3 \cdot 6H_2O$于醋酸水溶液时，由于溶质较多，最好采用电动搅拌，也可以一边慢慢加热一边加入固体。

（2）在冷却析出粗产品时，可以适当搅拌，防止析出的产物结块，包裹杂质。

六、思考题

（1）如果采用硅胶板薄层层析监测反应过程，原料和产物的比移值（R_f）哪个会大些？为什么？

（2）如何确定重结晶时溶剂乙醇的用量？

（3）反应时加入水与冰醋酸形成混合溶剂，以及反应结束后加入水的目的是什么？

（邱永革提供）

实验四　安息香的辅酶合成

一、实验目的

(1) 了解多步骤有机合成的方法。
(2) 熟悉加热回流、过滤以及重结晶的方法。
(3) 掌握辅酶合成安息香及安息香转化的原理和方法。

二、实验原理

芳香醛在氰化钠（钾）作用下，分子间发生缩合反应生成α－羟酮。安息香缩合最典型、最简单的例子是苯甲醛的缩合反应。本实验以维生素 B_1代替 NaCN 作催化剂，在碱性条件下，苯甲醛分子间发生缩合反应生成安息香：

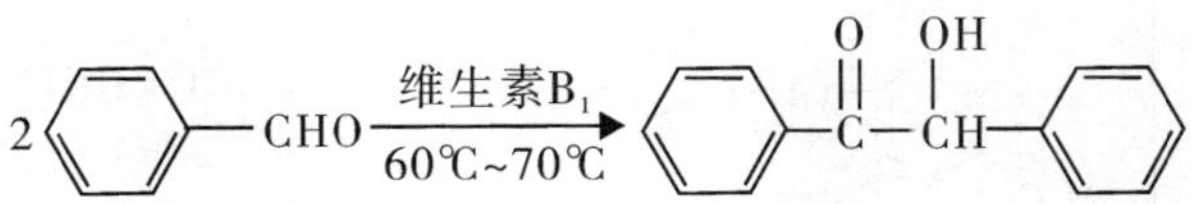

反应机制：

1. 安息香缩合反应：碳负离子亲核加成反应

苯甲醛在氰化钠（钾）的作用下，于乙醇中加热回流，两分子苯甲醛之间发生缩合反应，生成二苯乙醇酮，或称安息香，因此把芳香醛的这一类缩合反应称为安息香缩合反应，反应机制类似于羟醛缩合反应。该缩合反应是碳负离子对羰基的亲核加成反应。其中 CN^-起反应催化剂的作用，首先是无α－氢的芳香族化合物，如苯甲醛在 CN^-催化作用下，生成一个碳负离子，然后这个碳负离子亲核进攻另一个苯甲醛分子，生成的加合物同时发生质子的迁移、电子的迁移和 CN^-的离去，最后得到安息香产物：

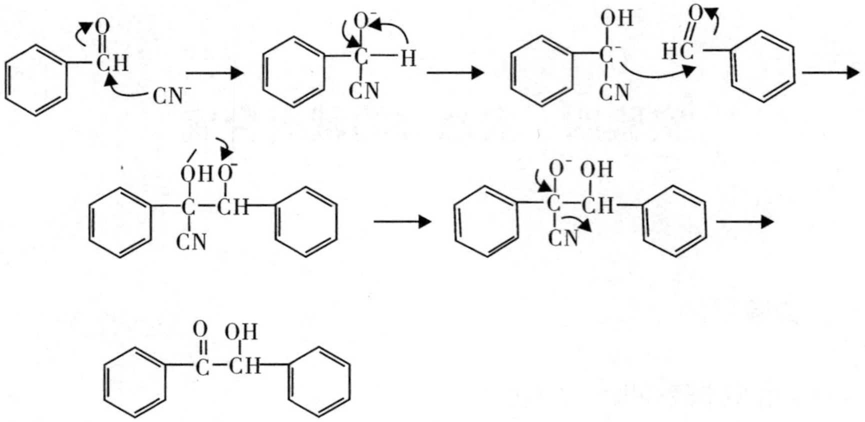

反应中催化剂是剧毒的氰化物，使用不当会有危险，本实验用维生素 B_1（Thiamine）盐酸盐代替氰化物催化安息香缩合反应，反应温和、无毒、产率较高。

2. 辅酶合成机制

维生素 B_1 是一种辅酶，化学名称为硫胺素或噻胺，结构式为：

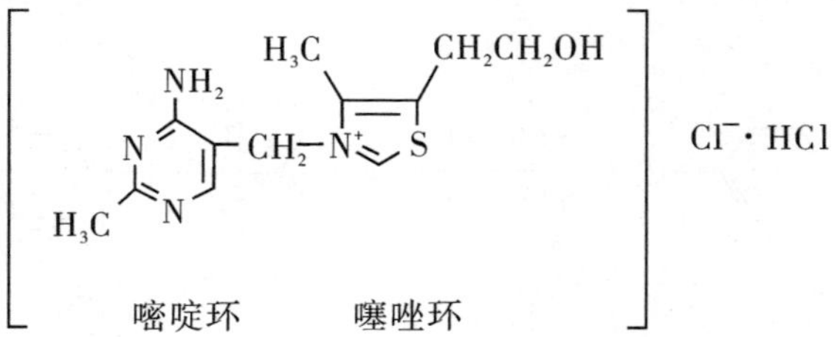

在反应中，维生素 B_1 的噻唑环上的氮和硫的邻位氢在碱的作用下被夺走，成为碳负离子，形成反应中心，其机制如下：

（1）在碱作用下形成碳负离子，该负离子和邻位正氮离子形成一个稳定的两性离子叶立德（Ylid）。

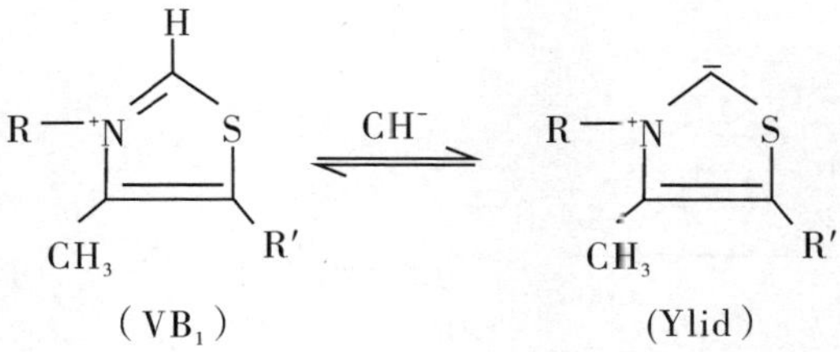

(2) Ylid 与苯甲醛反应，噻唑环上碳负离子与苯甲醛的羰基作用形成烯醇加合物，环氮原子起到调节电荷的作用。

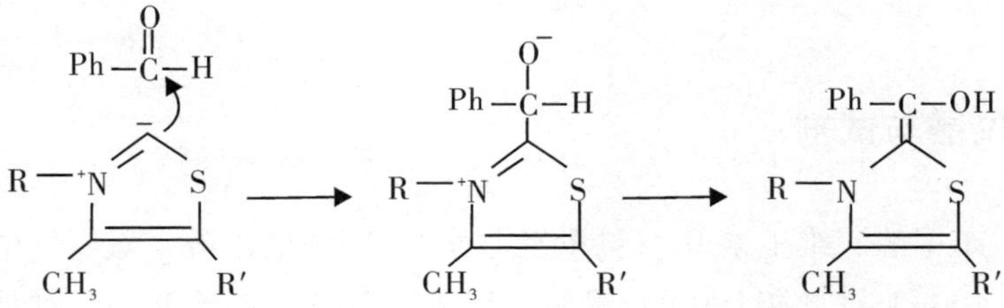

(3) 烯醇加合物再与另一分子苯甲醛作用形成一个新的辅酶加合物。

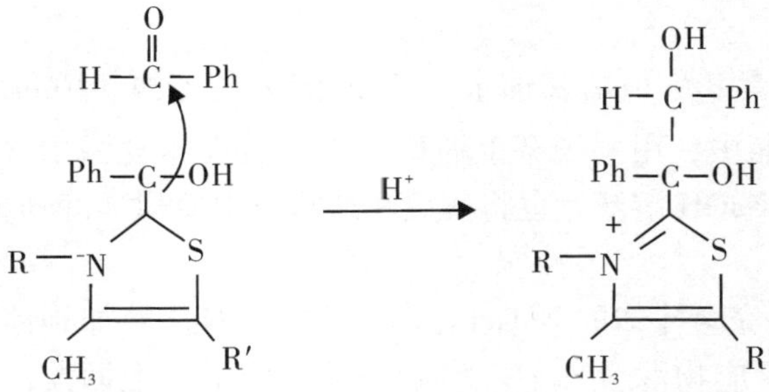

(4) 辅酶加合物离解成安息香，辅酶复原。

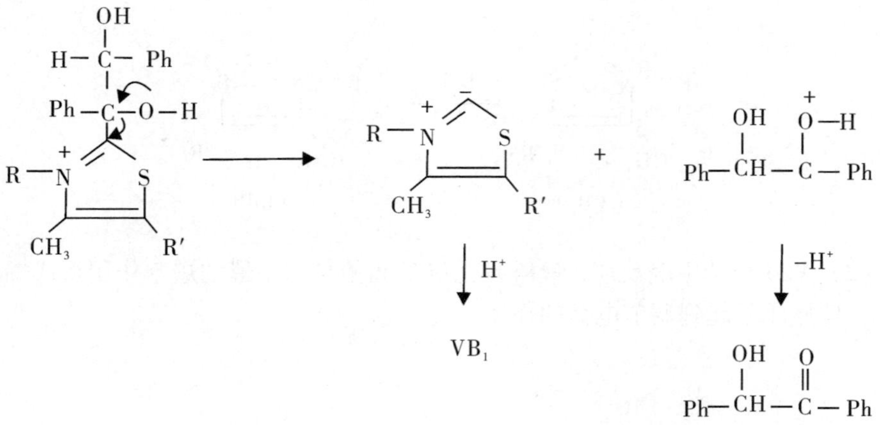

三、仪器与试剂

试剂：苯甲醛、维生素 B_1（盐酸硫胺素）、95%的乙醇、氢氧化钠（10%）。

仪器：100mL 锥形瓶、10mL 量筒、回流冷凝管、布氏漏斗、抽滤瓶、熔点测定仪。

四、实验步骤

将 2.7g 维生素 B_1、6mL 蒸馏水、22mL 95%的乙醇、10mL 新蒸过的苯甲醛加入 100mL 锥形瓶中，用塞子塞上瓶口，将其放在冰盐浴中冷却；用一支试管取 7.5mL 10%的 NaOH 溶液，也将其放在冰盐浴中冷却（冷却 15min，务必使之充分冷却）。

15min 后，将完全冷却的 NaOH 溶液（约 -5℃）滴加到冰盐浴中的锥形瓶中，充分摇动使反应物混合均匀。然后在锥形瓶上装上回流冷凝管，加几粒沸石，放在温水浴中加热反应，水浴温度控制在 60℃ ~70℃之间，勿使反应物剧烈沸腾。反应混合物呈橘黄或橘红色均相溶液。保持约 1 ~1.5h。

撤去水浴，让反应混合物逐渐冷却至室温，析出浅黄色结晶，再将锥形瓶放到冰浴中冷却令其完全结晶。如果反应混合物中出现油层，重新加热使其变成均相，再慢慢冷却，重新结晶。必要时可用玻璃棒摩擦锥形瓶内壁，使其结晶。

结晶完全后，用布氏漏斗抽滤，收集粗产物。用 50mL 冷水分两次洗涤结晶，称重。用 80%乙醇进行重结晶，如产物呈黄色，可加少量活性炭脱色，纯产物为白色针状结晶。称重、计算产率。测定熔点，熔点为 134℃ ~136℃。

五、注意事项

(1) 学生应按要求复习加热回流反应装置的安装（仪器安装次序，安装要求），抽滤装置的安装使用、重结晶操作和显微熔点测定仪的使用。

(2) 维生素 B_1 对热不稳定，使用和保管均应注意，用完保管在冰箱中，不要乱放。

(3) 维生素 B_1 在酸性条件下是稳定的，但易吸水，在水溶液中易被空气氧化失效。遇光和 Cu、Fe、Mn 等金属离子均可加速氧化。在 NaOH 溶液中噻唑环易开环失效。因此 VB_1 溶液和 NaOH 溶液在反应前必须用冰水充分冷透，否则，VB_1 在碱性条件下会分解，这是本实验成败的关键。

(4) 控制 pH，过碱，噻唑环易开环失效，不到一定碱性，无法形成碳负离子。

(5) 反应过程中，溶液在开始时不必沸腾，反应后期可以适当升高温度至缓慢沸腾（80℃ ~90℃）。

六、思考题

(1) 维生素 B_1 在碱性条件下生成碳负离子起催化作用，若所用原料苯甲醛发生氧化，对反应有何影响?

(2) 溶液的 pH 值过高或过低对反应有何影响?

(3) 何为重结晶? 进行重结晶的主要步骤有哪些?

(4) 安息香缩合、羟醛缩合与歧化反应有何不同?

(5) 安息香缩合反应为什么要控制 pH 在 9 ~ 10 之间，过高或过低对反应有什么影响?

（李伟杰提供）

实验五　葡萄糖酸锌的制备

一、实验目的

（1）了解锌的生物意义和葡萄糖酸锌的制备方法。
（2）熟练掌握蒸发、浓缩、抽滤、配制溶液等操作。
（3）了解葡萄糖酸锌的质量分析方法。

二、实验原理

锌存在于众多的酶系中，如碳酸酐酶、呼吸酶、乳酸脱氢酶、超氧化物歧化酶、碱性磷酸酶、DNA 和 RNA 聚合酶等中，为核酸、蛋白质、碳水化合物的合成和身体对维生素 A 的利用所必需。锌具有促进生长发育、改善味觉的作用。锌缺乏时会出现味觉、嗅觉差，厌食，生长与智力发育低于正常等症状。葡萄糖酸锌为补锌药，具有见效快、吸收率高、副作用小等优点，主要用于因缺锌引起的生长发育迟缓、营养不良、厌食症、复发性口腔溃疡、皮肤痤疮等病症。葡萄糖酸锌由葡萄糖酸直接与锌的氧化物或盐制得。

本实验采用葡萄糖酸钙为起始原料，用浓硫酸酸化脱钙，所得到的葡萄糖酸用氢氧化钡和草酸为沉淀剂进行纯化，纯化后的溶液经适当浓缩用氧化锌中和，加入少量的葡萄糖酸锌晶种和少许无水乙醇促进葡萄糖酸锌结晶，经干燥后得最终产品。相关反应方程式如下：

$$Ca(C_6H_{11}O_7)_2 + H_2SO_4 \xlongequal{} 2C_6H_{12}O_7 + CaSO_4\downarrow$$

$$2C_6H_{12}O_7 + ZnO \xlongequal{} Zn(C_6H_{11}O_7)_2 + H_2O$$

葡萄糖酸锌在制作药物前要经过多个项目的检测。本次实验只是对产品质量进行初步分析，分别用 EDTA 配位滴定法检测所制产物中锌和硫酸根的含量。

三、实验药品及仪器

药品：葡萄糖酸钙、氧化锌、无水乙醇、氢氧化钡、草酸、蒸馏水、98%浓硫酸、碳酸钙试剂、HCl溶液、乙二胺四乙酸（EDTA）、NaOH溶液、铬黑T指示剂。

仪器：烧杯若干、玻璃棒、蒸发皿、移液管、吸耳球、磁力搅拌器（带磁子）、抽滤器、滤纸、pH试纸、烘箱、药勺、蒸发皿、表面皿、100mL容量瓶、250mL锥形瓶、分析天平。

四、实验步骤

1. 酸化脱钙

在100mL的烧杯中加入40mL的蒸馏水，再慢慢地加入2.7mL 98%的浓硫酸，加热到80℃~90℃，在不断搅拌下分批加入22.4g已研细的葡萄糖酸钙，要求葡萄糖酸钙的粒度为200目左右，大约60min加完。保持此温度继续搅拌1h，反应过程中注意经常补充蒸发的水，反应后趁热过滤，用蒸馏水洗涤沉淀，收集滤液。

2. 葡萄糖酸的纯化

配制4%的氢氧化钡溶液和4.3%的草酸溶液。在滤液中加入2mL 4%的氢氧化钡溶液，以除去残余SO_4^{2-}，再加入0.8mL 4.3%的草酸溶液，以除去残留的Ca^{2+}、Ba^{2+}。静置过夜后过滤，可得澄清的透明滤液。

3. 葡萄糖酸溶液的蒸发浓缩

将得到的葡萄糖酸溶液在磁力搅拌器上搅拌蒸发浓缩，于93.33~99.99Pa、50℃~60℃的条件下，浓缩至浓度约50%的葡萄糖酸溶液。

4. 葡萄糖酸的中和

将浓度约为50%的葡萄糖酸溶液加热至65℃~75℃，调节溶液的pH值至小于7，分批加入3.74g氧化锌，得澄清的透明溶液。

5. ZG的结晶

让溶液静置过夜，待有一定量的ZG结晶出现时，加入少量无水乙醇，搅拌均匀，将混合物减压过滤。

6. ZG的干燥

将湿的ZG在蒸发皿中推平，放入烘箱中，干燥至产品恒重为止。

7. ZG的检测

研细产物，精密称取210mg，置于锥形瓶中，加水100mL，微热使其溶解，加氨—氯化铵缓冲液（pH为10.0）5mL与铬黑T指示剂少许，用乙二胺四乙酸二钠（EDTA）滴定至溶液由紫红色转变为纯蓝色。平行滴定3次，计算葡萄糖酸锌的产率。

附：

1. Ca^{2+}标准溶液的配制（约0.05mol·L^{-1}）

称取碳酸钙试剂1.25g，置于250mL烧杯中，用少量水润湿，盖上表面皿，慢慢滴加1∶1 HCl使其溶解。加少量水将它稀释，定量地转移至250mL容量瓶中，用水稀释至刻度，摇匀。

2. EDTA标准溶液的配制与标定

（1）EDTA标准溶液的配制。称取8.5g乙二胺四乙酸二钠（$Na_2H_2Y \cdot 2H_2O$）置于烧杯中，加入适量的水溶解，再转入500mL的容量瓶中，用水稀释至刻度，摇匀。

（2）EDTA标准溶液浓度的标定。准确移取25mL Ca^{2+}标准溶液于250mL锥形瓶中，用NaOH溶液把溶液的酸碱性调至pH=10左右，加入几滴铬黑T指示剂，用配制好的EDTA溶液进行标定，溶液由紫红色变为纯蓝色即为终点，平行滴定3次。计算EDTA标准溶液的浓度，其相对平均偏差不大于0.2%。

五、注意事项

（1）将葡萄糖酸钙加入溶有浓硫酸的水后，应该将其充分搅拌，并及时补充蒸发的水分。

（2）氧化锌加入葡萄糖酸溶液须分批加入，并充分搅拌使氧化锌与葡萄糖酸溶液完全反应。

（3）葡萄糖酸锌溶液只有在过饱和的状态下才会有结晶出现，所以我们必须保证在结晶前溶液处于过饱和状态。

六、思考题

（1）在配制氢氧化钡溶液的过程中，为什么会有不溶于水的白色固体？其白色固体的成分是什么？

（2）以$CaCO_3$为基准物质，以钙指示剂为指示剂标定EDTA溶液时，溶液的酸度应控制为多少？为什么？如何控制？

（3）络合滴定法与酸碱滴定法相比，有哪些不同点？操作中应注意哪些问题？

（4）在结晶葡萄糖酸锌时，加入95%的乙醇，其作用是什么？

（郝桂霞提供）

实验六　香豆素 -3 -羧酸乙酯的制备

香豆素类化合物属于1，2 -苯并吡喃酮类衍生物，广泛存在于许多天然植物中。香豆素类化合物具有抗凝血性、抗菌活性、抗肿瘤活性、抗 HIV 活性和光敏作用等多种生物活性，在医药研究领域中具有广泛的应用前景。香豆素类化合物在光学材料研究领域中被广泛用于制备荧光增白剂、激光染料、有机电致发光器件、分子器件和荧光探针等。本实验学习香豆素衍生物香豆素 -3 -羧酸乙酯的制备方法。

一、实验目的与要求

（1）用 knoevenagel 反应制备香豆素衍生物的原理和方法。

（2）掌握重结晶操作。

二、实验原理

本实验以水杨醛和丙二酸二乙酯在六氢吡啶存在下发生 knoevenagel 缩合反应制得香豆素 -3 -羧酸乙酯。反应式：

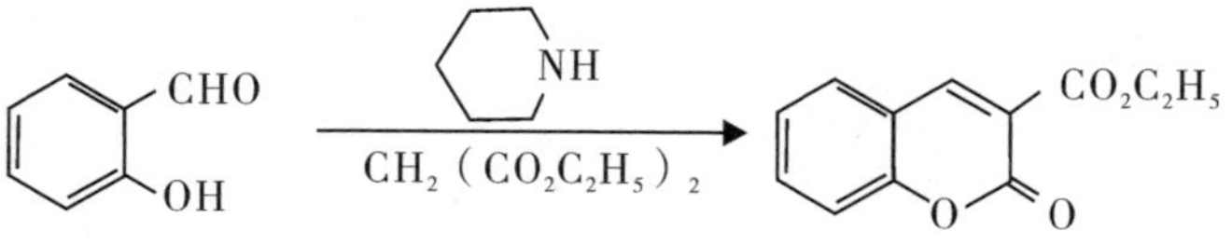

三、实验仪器与试剂

仪器：100mL 圆底烧瓶、球形冷凝器、干燥管、量筒、250mL 锥形瓶、抽滤瓶和布氏漏斗、磁搅拌器（带加热装置）、磁搅拌子等。

试剂：水杨醛、丙二酸二乙酯、95% 乙醇、50% 乙醇、六氢吡啶、冰醋酸和无水氯化钙。

四、实验步骤

（1）在100mL圆底烧瓶中依次加入4mL水杨醛、6mL丙二酸二乙酯、20mL 95%乙醇和半滴管六氢吡啶及2滴冰醋酸，装上配有无水氯化钙干燥管的球形冷凝管，搅拌回流1.5h。

（2）待反应液稍冷后转入100mL锥形瓶中，加入25mL蒸馏水，置于冰水浴中冷却，待晶体析出完全后抽滤，每次用5mL冰水冷却过的50%乙醇洗涤晶体2~3次，得白色晶体为香豆素－3－羧酸乙酯粗产品。

（3）重结晶。在粗产品中加入10mL 50%乙醇，然后滴加6mL 50%乙醇，产品全部溶解，再加入5mL 50%乙醇，煮沸，先室温冷却然后再用自来水冷却，抽滤，固体用冰的50%乙醇洗涤，干燥后得到6.0~7.0g香豆素－3－羧酸乙酯，熔点为93℃。

五、实验关键及注意事项

（1）实验中除了加六氢吡啶外，还加入少量冰醋酸，反应很可能是水杨醛先与六氢吡啶在酸催化下形成亚胺化合物，然后再与丙二酸二乙酯的负离子反应。

（2）用冰过的50%乙醇洗涤可以减少酯在乙醇中的溶解。

（3）避免皮肤接触，避免眼睛接触。

六、思考题

反应加六氢吡啶和乙酸有何作用？

七、参考文献

1. 卢凌，王仁宗，张荣琦，王金汉等．香豆素衍生物的应用．*Chemistry*（*Journal of The Chinese Chem. Soc.*，Taipei），2000（53）：367.

2. Sardar S.，Mori Y.，Horita K.，Daneshtalab M. Synthesis and Antifungal Activity of Coumarins and Angular Furanocoumarins. *Bioorg. Med. Chem.*，1999

(7): 1933.

3. Sharma P., Pritmani S. Synthesis, Characterization and Antimicrobial Studies of Some Novel 3 – arylazo – 7 – hydro – 4 – methylcoumarins. *Indan J. Chem.*, 1999 (38B): 1139.

4. Periers A. -M., Laurin P., Benedetti Y. et al. Stereoselective Synthesis of 5 – monoalkyl and 5, 5 – dialkylsubstituted Noviose Derivatives. *Tetrahedron Lett.*, 2000 (41): 867.

5. Bogan D. P., Duffy C. F., Kennedy R. O. In Vitro Glucuronidiation of 7 – hydroxycoumarin and Determination of 7 – hydroxycoumarin and 7 – hydroxycoumarin Glucuronide by Capillary Electrophoresis. *J. Chromatography A*, 1997 (772): 321.

6. Lak B. G. Coumarin Metabolism, Toxicity and Carcinogenicity: Relevance for Human Risk Assessment. *Food Chem. Toxic.*, 1999 (37): 423.

7. Woo L. W. L., Purohit A., Recd M. J. Active Site Directed Inhibition of Estrone Sulfatase Byl Nonsteroidal Coumarin Sulfamates. *J. Med. Chem.*, 1996 (39): 1349.

8. Bilban M., Billich A., Auer M., Nussbaumer P. New Fluorogenic Substrate for the First Continuous Steroid Sulfatase Assay. *Bioorg. Med. Lett.*, 2000 (10): 967.

9. Thaisrivongs S., Tomich P. K., Watenpaugh K. D. et al. Structure – based Design of HIV Protease Inhibitors: 4 – hydroxycoumarins and 4 – hydroxy – 2 – pyrones as Non-peptidic Inhibitors. *J. Med. Chem.*, 1994 (34): 3200.

10. Thaisrivongs S., Janakiraman M. N., Chong K. -T., et al. Structure – based Design of Novel HIV Protease Inhibitors: Sulfonamide – containing 4 – hydroxycoumarins and 4 – hydroxy – 2 – pyrones as Potent Non – peptidic Inhibitors. *J. Med. Chem.*, 1996 (39): 2400.

11. Adam W., Qian X. – H., Moller C. R. S. Synthesis and Photooxygenation of the 2H – 4, 8, 9 – trimethylfuro [2′, 3′: 5, 6] Naphthol [1, 2 – b] – pyran – 2 – one, an Unnatural Furocoumarin with a Benzene Spacer. *J. Org. Chem.*, 1993 (58): 3769.

12. Jabin I., Heindeł N. D., Rapp R. D., Laskin J. D. Synthetic approaches to 3 – substituted – 5′ – (N – pyridiniunnethyl) – 4′, 5′ – dihydropsoralen. *J. Heterocyclic Chem.*, 2000 (37): 31.

13. Zahradnik M. *The Production and Application of Fluorescent Brightening Agents.*

New York: Wiley - interscience Publication, 1982.

14. Yamashita K., Mori T., Mizutani T. Electroluminescence Properties of an Organic Triple - layer Light - emitting Diodes. *Synth. Met.*, 1999 (106): 157.

15. Birau M. M., Wang Z. Y. A Dual - mode Molecular Switch Based on a Chiral Binaphtol - coumarin Compound. *Tetrahedron Lett.*, 2000 (41): 4025.

16. Mitsui T., Nakano H., Yamana K. Coumarin - fluorescein Pair as a New Donor - acceptor Set for Flurescene Energy Transfer Study of DNA. *Tetrahedron Lett.*, 2000 (41): 2605.

17. Sun W. - C., Gee K. R., Haugland R. P. Synthesis of Novel Fluorinate Coumarins: Excellent UV - light Excitable Fluorescent Dyes. *Bioorg. Med. Chem. Lett.*, 1998 (8): 3107.

（李伟杰提供）

实验七　天然色素的提取及其稳定性实验

一、实验目的

（1）了解某种尚未报道的天然色素的提取方法及其稳定性。

（2）学会超临界萃取仪、双光束紫外可见分光光度计、冷冻干燥机、真空干燥箱等的使用，了解其原理。

二、实验原理

天然产物的研究一直是化学学科的传统项目之一，尤其是在物产较为丰富的粤东地区，从动植物中提取的各种各样的天然色素日益受到研究者的青睐。提取天然色素，利用的是发色物质溶于相应溶剂，再利用各种辅助手段，如加热、超声波、微波等加速提取，提取物经真空旋转蒸发浓缩、冷冻干燥或真空干燥后，即得色素粗样。

天然色素主要用于食品加工行业，其稳定性决定着食品加工的质量，一种好的天然色素的稳定性不可被忽略，主要体现在耐食品添加剂方面，如糖类、防腐剂等。耐光照、金属离子等亦是不可被忽略的因素。

不同基团发色物质吸收的光线不一，我们人类可见到的颜色是发色物质吸收特定波长的光线后剩下的互补光的颜色，详细情况见下图和下表；由其颜色我们可以推测出某种发色物质吸收光的大致波长，从而借助光度计定性分析其性质。

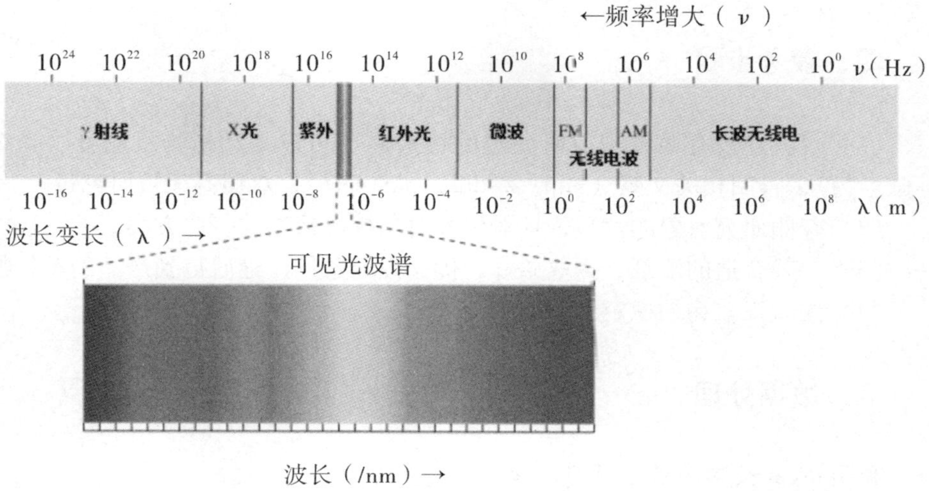

可见光的颜色及其长度

可见光及其互补光的颜色

λ/nm	颜色	互补光
400 ～ 450	紫	黄绿
450 ～ 480	蓝	黄
480 ～ 490	绿蓝	橙
490 ～ 500	蓝绿	红
500 ～ 560	绿	红紫
560 ～ 580	黄绿	紫
580 ～ 610	黄	蓝
610 ～ 650	橙	绿蓝
650 ～ 760	红	蓝绿

三、仪器与试剂

超临界萃取仪、双光束紫外可见分光光度计、冷冻干燥机、真空干燥箱、鼓风干燥箱、酸度计、乙醇等。

四、参考步骤

(1) 寻找还没有被发现或研究过的色素源（可以是动植物，也可以是细菌等微生物），查阅相关文献（http：//dlib. cnki. net/），对照有无被研究过。

(2) 查阅研究对象的性质，针对研究对象提出适当的研究方案。

(3) 寻找合适的溶剂、提取条件，优化提取条件，最后得到产品的粗提物。

(4) 测试提取物的稳定性。

五、数据处理

利用 orgin 绘制图谱，呈现色素的相应性质。

六、问题与思考

(1) 利用分光光度计定性、半定量研究色素时，应该注意哪些方面？

(2) 筛选最佳提取溶剂时，应该注意哪些方面？

(3) 优化提取条件时，应该注意哪些方面，可采取什么措施？

(4) 该提取物还有哪些方面可以被继续研究？

七、参考文献

1. 黄俊生，曹迁永，曹少骏．大高良姜色素的提取工艺及稳定性研究［J］．中国调味品，2010（11）：99～104.

2. 陈晓如，欧静芬，郑楚君，苏锐滨，黄俊生．潮州“后陇红”番薯微量金属元素及其营养成分分析［J］．韩山师范学院学报，2012（6）：64～67.

3. 张燕燕，黄漫丽，黄俊生，陈燕娜．榴莲果皮黄色素的提取及其稳定性的研究［J］．中国调味品，2012（5）：113～118.

（黄俊生提供）

实验八　天然产物中多糖的提取、鉴别与含量测定

一、实验目的

通过对天然产物中多糖的提取、鉴别和含量测定，掌握天然产物的提取、鉴别和含量测定的方法。

二、实验原理

多糖又称多聚糖（polysaccharide），是由单糖聚合成聚合度大于10的极性大分子，分子量为数万至数百万，是构成生命活动的四大基本物质之一，与生命的多种生理功能密切相关。大量试验证明多糖具有抗病毒、增强免疫力、抗肿瘤、延缓衰老、降血糖、抗凝血等多种功效。

多糖是自然界含量最丰富的生物聚合物，几乎存在于所有生物体中。多糖的种类繁多，对多糖的提取，传统水提法是研究和应用得最多的一种方法。近年来，随着科技的发展、实验环境的不断改进，新的提取方法不断地出现，目前微波辅助提取法因其节能省时、提取效率高等优点，在多糖的提取中也得到了广泛应用。

多糖的定性采用α-萘酚试验。多糖类遇浓硫酸被水解成单糖，单糖被浓硫酸脱水闭环，形成糠醛类化合物，在浓硫酸存在下与α-萘酚发生酚醛缩合反应，生成紫红色缩合物。多糖定量采用苯酚—硫酸法，生成的有色物质在490nm波长处有吸收特征，可用分光光度法测定。

三、仪器和试剂

仪器：P70D23N1P-G5（W0）型格兰仕微波炉、722N可见分光光度计、FA2004N电子天平、组织捣碎机、电热恒温干燥箱、离心机、电热套、循环水式真空泵、冰箱、回流装置、250mL锥形瓶、移液管、50mL容量瓶、试管、烧

杯等。

试剂：自选天然原料（以榕须为例）、乙醇、蒸馏水、浓盐酸、浓硫酸、苯酚、三氯化铝、锌粉、萘酚。

四、实验步骤

1. 样品的预处理

将摘来的榕须清洗、晾干、烘干、粉碎至100目。称取适量榕须样品，用500mL石油醚（60℃～90℃）回流脱脂两次，1小时/次，以除去榕须中的脂肪，再用80%乙醇回流提取两次，2h/次，以除去单糖和低聚糖，将样品烘干至恒重，备用。

2. 标准曲线的制作

精密称取干燥至恒重的无水葡萄糖标准品127.8mg，置于50mL容量瓶中，用蒸馏水定容，制得2.556mg·mL^{-1}的葡萄糖储备液；准确量取葡萄糖储备液0.5mL、1.0mL、1.5mL、2.0mL、2.5mL、3.0mL于50mL容量瓶，定容，使其质量浓度分别为25.56mg·mL^{-1}、51.12mg·mL^{-1}、76.68mg·mL^{-1}、102.24mg·mL^{-1}、127.80mg·mL^{-1}、153.36mg·mL^{-1}，取上述溶液各1mL于10mL试管中，加入1mL 5%苯酚溶液混合后，迅速加入5mL浓硫酸，混匀后静置5min，沸水加热15min，立即转入冷水冷却10min至室温，以蒸馏水为空白，在490nm波长处测定吸光度。以葡萄糖的含量为横坐标，吸光度值为纵坐标，制作标准曲线得出回归方程。

3. 多糖的提取

每次称取1g已预处理的榕须粉末，微波处理后，过滤，将滤液浓缩至一定体积（4～6mL），加入5倍量的95%乙醇，放置于冰箱，静置12h，离心，沉淀用95%乙醇洗涤，得到榕须粗多糖。

4. 鉴别

取粗多糖的水溶液1mL，加5%萘酚试液数滴振摇后，沿管壁滴入5～6滴浓硫酸，使成两液层，待2～3min后，两层液面出现紫红色环，说明提取物为糖、多糖或甙类。

5. 粗多糖含量的测定

将榕须粗多糖用蒸馏水溶解并定容至100mL，取1mL待测液于试管中，加入5%苯酚1mL混匀，快速加入浓硫酸5mL，摇匀，静置5min，置沸水浴中加热15min，立即转入冷水浴中冷却10min，以蒸馏水为空白，在490nm波长处测其吸光度。

$$多糖含量（mg·g^{-1}）=V\times C/W$$

[V 为榕须多糖溶液的体积（mL），C 为标准曲线上查得的葡萄糖浓度（$mg \cdot L^{-1}$），W为已预处理的榕须粉末质量（g）]

6. 微波提取条件设计

以蒸馏水为溶剂，依次考察微波火力、微波时间、料液比和提取次数等因素对榕须多糖提取效果的影响。在单因素试验的基础上，进行正交实验，确定微波辅助提取榕须多糖的最佳条件。

五、结果处理

（1）根据标准系列溶液的吸光度，绘制吸光度与其浓度的关系曲线。

（2）由工作曲线计算各提取条件下的多糖得率，得出最佳提取条件。

六、思考题

（1）提取得到的多糖是否为纯净物？

（2）多糖得率的高低受哪些因素影响？

（许丽丽提供）

实验九　潮汕功夫茶冲泡技艺的探究

一、实验目的

（1）学习田园调查方法，对功夫茶文化、冲泡程式进行实地调研。

（2）设计实验研究的方案，具体为单因素实验、验证性实验的设计。

（3）学习运用国家标准测定茶汤中的茶多酚、茶多糖等成分含量。

（4）训练学生的实验准备，实验研究，实验方法制定、操作、数据处理，实验论文撰写等多方面的能力。

二、实验方法

（1）茶多酚测定采用 GB/T 8313－2008。

（2）茶多糖测定采用硫酸蒽酮法。

（3）咖啡因测定采用 GB/T5009. 139－2003。

三、实验方案

1. 田园调查

学生分组进入农村、社区实地调研饮茶冲泡方法，获取水茶量比、冲泡时间、水温等重要信息。

2. 单因素实验

（1）水茶量比的优化：水温在 85℃，冲泡时间在 30s，改变水茶比例，水：茶（$mL \cdot g^{-1}$）＝4：1、5：1……9：1，探究较佳的水茶比例。

（2）冲泡温度的优化：冲泡时间为 30s，水茶比例选用优化条件，改变冲泡水温 70℃、75℃……95℃，探究较佳的冲泡水温。

（3）冲泡时间的优化：在较佳的冲泡水温和水茶比例条件下，改变冲泡时间，20s、25s……45s，探究较佳的冲泡时间。

3. 对比实验

通过对调研数据的整理，选取6组具有代表性的调研数据，以茶汤中茶多酚、茶多糖、咖啡因的量为指标，根据调研所得的水茶比例、冲泡水温和冲泡时间来泡茶，测定茶汤中各指标的量，验证潮汕功夫茶冲泡技艺的科学性。

4. 实验人员分工与要求

（1）实验分4组进行：第一组负责实验方案、实验方法、标准曲线制定的探索性工作，以及茶叶冲泡后茶汤样品的提供；其余3组分别负责茶汤样品中茶多酚、茶多糖、咖啡因的测定。

（2）全部实验均重复一次。

（3）进行数据分析，撰写实验报告。

（严赞开提供）

实验十　氧瓶燃烧—离子色谱测定潮汕植物中氟氯氮硫含量

一、实验目的

（1）掌握离子色谱法的原理及仪器使用方法。
（2）探讨潮汕植物中氟、氯、氮、硫含量与环境的关系。

二、实验原理

本实验先用氧瓶燃烧法将潮汕植物中的氟、氯、氮、硫元素转变为阴离子，再以含过氧化氢的碱性水溶液吸收，用离子色谱法同时测定溶液中各阴离子的含量。

三、实验仪器与试剂

仪器：ISC900 离子色谱仪（美国戴安公司）带变色龙 7.1 操作软件、粉碎机（上海嘉定粮油仪器有限公司）、DGG－9240B 型电热恒温鼓风干燥箱（上海森信实验仪器有限公司）、ZHWY－211B 落地普通型大容量全温度恒温培养振荡器（上海智城分析仪器制造有限公司）、电子天平（北京塞多利斯仪器系统有限公司）、500mL 石英氧气燃烧瓶（宜兴晶科光学仪器有限公司）。

试剂：氟化钠、氯化钠、亚硝酸钠、硝酸钠、硫酸钠、碳酸钠、碳酸氢钠、氢氧化钠、30% 过氧化氢均为分析纯；所有溶液均用超纯水（电导率 $>18M\Omega$）配制且用 $0.45\mu m$ 滤膜过滤；另需 99.999% 高纯氧（深圳宏州气体有限公司）、无灰定量滤纸、植物试样。

四、色谱条件

色谱柱：AS23 型阴离子分析柱（250mm × 4mm）、AG23 型保护柱

(50mm×4mm)。流动相：0.8mmol·L^{-1}碳酸氢钠+4.5mmol·L^{-1}碳酸钠淋洗液。进样体积：10μL。流速：1.0mL·min^{-1}。

五、实验参考步骤

1. 标准混合样制备

准确称取221.0mg氟化钠、247.5mg氯化钠、750.0mg亚硝酸钠、685.5mg硝酸钠、1 109.5mg硫酸钠以及1 986.5mg碳酸钠，并置于80mm瓷研钵中，充分研磨1h后，收集于带胶塞的10mL小玻璃瓶中备用。

2. 未知样制备

将潮汕植物样品置于80℃烘箱干燥24h后，用粉碎机粉碎成粉，备用。

3. 实验方法

称取50mg的样品，用剪成方形（30mm×30mm，留出引火纸条）的无灰滤纸包裹好并固定于铂螺旋丝上；在氧瓶中加入15mL 0.1mol·L^{-1}的NaOH溶液、10mL H_2O以及2mL 30% H_2O_2，急速通O_2 1min；将引火纸条点燃后，伸入氧瓶中倒置，待燃烧完全，晃动氧瓶；正置振荡器于15°C恒温振荡60min后取下，用去离子水将瓶塞及铂丝残留液洗去，定容为50mL，上机测试；同时做样品空白。

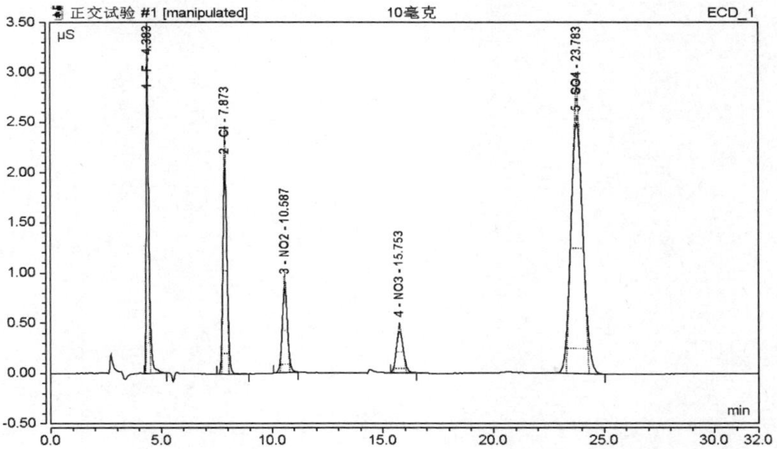

10mg混标参考图谱

六、注意事项

（1）实验前请查询相关文献。

（2）离子色谱属大型专管仪器，实验应严格遵守操作规程，注意仪器的洁净，保持无尘，对于自己不熟悉的按键或旋钮切忌盲目操作，有不清楚的地方可咨询指导教师。

（3）普通样品，如饮用水、地表水、降水等，进样前需用 0.45μm 以下孔径的微孔水系滤膜过滤，而离子浓度过高或含有机物、色素的样品，进样前需经过特殊的前处理方可进样。

（4）离子色谱所有管路和接头均为耐酸碱的 PEEK 材料，安装或更换时仅需用手拧紧即可，切忌用扳手拧得过紧，导致管路变形或堵塞。

（5）对于离子色谱所用的样品瓶、容量瓶等容器的清洗，尽量不要使用洗洁剂和洗液，只需灌满超纯水超声半小时并浸泡 24 小时以上再洗净晾干即可。切忌超声时间过长，导致发热膨胀。

（衷明华提供）

实验十一　潮汕植物中微量元素初级形态分析

中草药中的微量元素是当代医药研究和生命科学中的重要课题。中草药中微量元素的毒理作用、环境行为，特别是对人体健康的影响，都与其存在形态密切相关，如铜对水生生物的毒性主要与 Cu^{2+}、$Cu(OH)_2^-$ 离子有关，而不单纯依赖于可溶铜或总铜量。因此，建立中药微量元素及其形态的分析方法有着重要的意义。

一、实验目的

(1) 掌握植物初级形态的分离方法。
(2) 掌握石墨消解仪及原子吸收计的使用方法及工艺参数的最优选择。

二、实验原理

植物中微量元素的形态并不是指微量元素在各味原生药干样中的固有存在形式，而是指其在服用剂型如汤剂、针剂、酊剂、浸膏或粉剂中的形式。对于植物（中草药）的服用方式通常情况下是指其煎剂，即水提液，所以植物（中草药）中微量元素的形态实质上可以归结为水溶液的化学问题。植物（中草药）用水提取时，其蛋白质、纤维素均呈胶体分散于整个水提取液中，同时大量吸附溶出的微量元素，整个煎剂形成了有机基质的胶体分散体系，形成颗粒大小不等的各种形态（见表 1），人们服用的植物（中草药）水提液，正是这些形态在起作用，因此，分析这些存在的形态相较于只分析微量元素总含量而言，有更重要的参考价值。

表 1　植物水煎剂中微量元素的形态及特征

化学形态	颗粒大小	主要特征	反应类型
粗分散体系（悬浮液、乳状液）	>0.1μm	颗粒不通过滤纸，有机沉积物茎质	物理吸附，晶格组分
胶体分散体系（溶胶）	0.1～10μm	颗粒可通过滤膜，蛋白质、糖类、纤维素（假胶体）杂质无机胶体或微量元素本身的胶体（真胶体）	物理吸附，化学成键，多相反应
真溶液	<100μm	金属多糖化合物，氨基酸盐、酶、腐殖酸盐	氧化还原和成盐反应
与高分子结合的金属	100Å		
有机配合物	10～100Å	低分子氨基酸盐、巯基配合物，有机碱配合物	氧化还原和配位反应
无机配合物	10～100Å	碳酸盐，氢氧化物	酸碱反应，水解反应
游离离子	<10Å	水合物	水合作用

形态分析相对于元素分析来说，程度更深，范围更广。一般形态分析的目标可分为六态：溶解态和非溶解态、胶态和非胶态、有机态和无机态、离子态和非离子态、络合态和非络合态、价态。根据植物研究的需要和实际的分离测定手段，一般将中草药的微量元素形态分为初级和次级两个层次。初级形态大体相当于六态中的前二、三态，次级则相当于后三、四态。

在植物（中草药）实验形态分析中，主要分析植物中的微量元素种类和含量，测出通常情况下服用汤剂中微量元素的浸出情况，根据水提取液的特征情况，用滤膜将颗粒与可溶态分开，并对各个级分进行测量。

三、仪器与试剂

1. 仪器

TAS－990 型原子吸收分光光度计（北京普析通用公司）、HUMAN 型超纯水器（韩国，北京普析通用公司代理）、DGG－924CB 型电热恒温鼓风干燥箱（上海森信实验仪器有限公司）、JZ7122 型粉碎机（上海嘉定粮油仪器有限公司）、LD－5 型电动离心机（江苏省金坛市荣华仪器制造有限公司）、FA2004N 电子天平（上海精密科学仪器有限公司）、DS－360 石墨消解仪（中国广州分析测试中心）。

2. 试剂

实验所用水为二次去离子水；铜、铬、铁、镁、锰、锌、镍、钴、铅等元素标准溶液为 1 000μg · mL^{-1}；硝酸、盐酸、过氧化氢、高氯酸均为分析纯。

四、参考步骤

1. 样品溶液的制备

预处理：将所采集植物用自来水洗净晾干，再用超纯水清洗 2～3 次，晾干，置于干燥箱中，在 60℃下烘至恒重，后进行粗粉碎（＜5mm），得原药样品 A。

消解方法：准确称取 1.00g 样品 A 置于 100mL 消解管中，加入硝酸 15mL，放置过夜，再置于石墨消解仪上加热消解，消解参考程序见表 2，直至冒大量白烟，蒸发近干为止。用 2% HNO_3将溶液定容于 50mL 容量瓶中（某些元素需再稀释），同时做空白。

表 2　石墨消解仪消解参考程序

工步	温度（℃）	升温时间（min）	保持时间（min）
1	45	10	10
2	150	15	25
3	180	10	15

2. 微量元素初级形态分析

参考中草药微量元素初级形态分析流程，制备相应的样品，主要流程见下图。

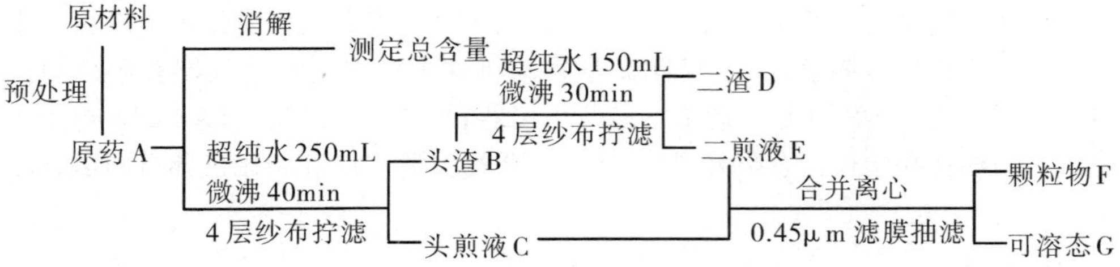

微量元素的初级形态分析流程图

取原药12.50g加超纯水微沸；残渣置于烘箱中在60℃下烘至恒重，用粉碎机粉碎，过60目筛；将头煎液、二煎液浓缩后分别定容至50mL、40mL，即相当于含量为0.25g·mL^{-1}；取头煎液、二煎液各20mL合并，用0.45μm滤膜减压抽滤，得到颗粒物（F）为悬浮态，滤液为可溶态（G）。按照样品溶液的制备中样品的消解方法进行处理。

3. 各级分微量元素含量测定

上机测量各种元素含量，操作时请严格执行TAS990原子吸收操作规程。

五、数据处理

测定各个级分的微量元素含量，将数据填入表3。

表3　各级分微量元素含量

测定成分	元素1	元素2	元素3	元素4	元素5
原药A					
头渣B					
头煎液C					
二渣D					
二煎液E					
悬浮态F					
可溶态G					

各形态分析参数导出如下：令W_i（i=A、B…G）表示某级分的总重量、P_i（i=A、B…G）表示某元素在该级分中的含量。头煎提取率$T_1=(W_C\times P_C)/$

$(W_A \times P_A) \times 100\%$，依此类推；同时根据物料平衡可得，$T_1 + L_1 = T_1 + T_2 + L_2 = 100\%$。将各形态分析和计算结果填入表4。

表4　各级分微量元素形态分析参数

元素	元素1	元素2	元素3	元素4	元素5
头煎提取率（T_1）					
二煎提取率（T_2）					
总提取率（T）					
头煎残留率（L_1）					
二煎残留率（L_2）					
颗粒吸附率（U）					
头煎浸留比（Q_1）					
二煎浸留比（Q_2）					
$T_1 + T_2 + L_2$					
$T_1 + L_1$					

六、问题与思考

（1）如何根据待测元素的种类选择合适的样品处理方法？

（2）在分离各级分形态时，如何在较快时间又较少损失的条件下进行操作？应注意些什么问题？

（赖鹤鋆提供）

实验十二　潮州瓷土矿的改性及其应用

一、实验目的

（1）了解黏土矿物质的结构与性质。
（2）掌握一种黏土矿物质的改性方法——酸改性。
（3）了解一些因素对潮州瓷土矿酸改性的影响。
（4）了解改性潮州瓷土矿的应用之一——模拟废水脱色。

二、实验原理

黏土中的矿物质很多，主要是含水的铝、铁、镁的层状结构的硅酸盐类结晶物质，有的还含有一些碱金属与其他碱土金属。对于刚开采出来的黏土矿物，还含有一些腐殖质、沙子等，需要进行分离纯化等。高岭石、蒙脱石、伊利石等是一些重要的黏土矿物质，其藏量丰富，分布与使用广泛。为提高其品质和附加值，常对其改性利用，如何改性也就成了应用研究中的常见课题。

黏土矿物质的结构具有如下特点：Si 与 O 构成四面体，这些四面体构成层；Al 与 6 个 O 构成结构单元，这些结构单元构成层结构。

不同黏土矿物中 Si－O 四面体层与 Al－O 层的连接不同，如下图左所示，但都呈层状结构。这些层状结构的物质一般都具有较大的比表面，可以作为吸附剂、催化剂载体等使用。矿物质表面的一些金属离子还具有离子交换作用。但直接使用这些矿物质时，其性能仍然较差，故有必要针对其用途而进行一些性能修饰。如作为吸附剂时，需要增大其比表面，有时还需要增强其酸性。

黏土矿通过酸改性，首先可以使黏土矿表面的金属离子 M^{n+} 被 H^+ 取代，使黏土矿表面带负电荷，与带正电荷的离子有一种自然的亲和作用。其次，酸处理还会破坏一些 Si－O 或 Al－O 结构，形成一些 O 空位，这些空位可作为 Lewis 酸位。最后，酸处理还会溶解一些氧化铝，使结构破坏，变成更细小的颗粒，于是比表面变大。

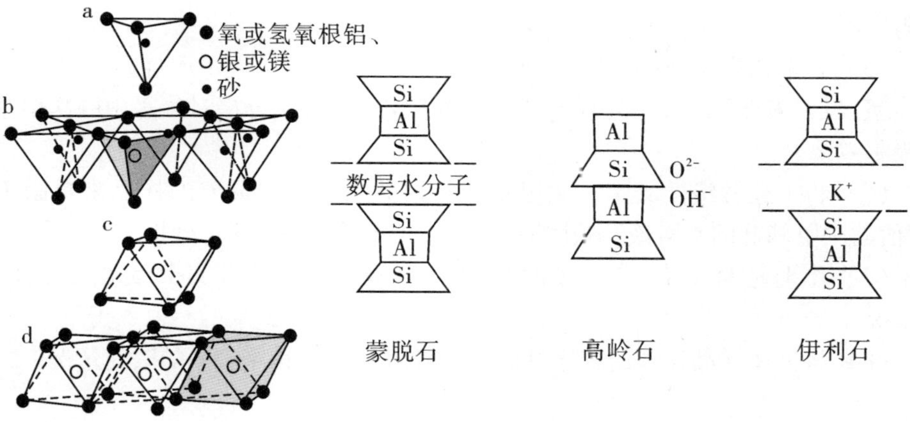

黏土矿物的结构图

固体样品的比表面是否改变可以通过测定比表面数值来确定，在实验室允许的条件下，也可以通过样品的吸—脱附来比较比表面的相对大小。样品表面酸性的改变可以通过有机胺的程序升温吸—脱附来确定。

三、实验步骤

（1）考察时间对盐酸处理潮州瓷土原矿的影响。在回流装置中，用某一浓度（C_0）的盐酸在80℃条件下分别处理潮州瓷土原矿0.5h、1h、2h、4h、8h，然后用同浓度的盐酸洗涤3次，再用蒸馏水洗涤3次，过滤，将处理的原土矿于115℃烘干。

（2）考察吸附时间对吸附效果的影响。用$200mg \cdot L^{-1}$的次甲基蓝水溶液作为模拟废水，往一定量的、某一条件下处理的潮州瓷土矿加入一定量的废水，分别等0.5h、1h、2h、3h、4h后取溶液进行分析，确定水溶液中次甲基蓝浓度不变时所需要的最短时间（t_{min}）。

（3）考察样品对废水中次甲基蓝的吸附。在一定量废水中加入相同量的步骤（1）得到的样品，搅拌，等t_{min}之后进行分析，比较步骤（1）中用浓度为C_0的盐酸处理时，得出什么时间是最佳时间（t_{cs}）。用潮州瓷土原矿作为参比，也分析其对次甲基蓝的吸附。

（4）参照步骤（1），用浓度为C_s的硫酸处理，通过步骤（3）测定硫酸处理需要的最短时间（t_{ss}）。用潮州瓷土原矿作为参比，也分析其对次甲基蓝的吸附。

（5）将潮州瓷土原矿分别在650℃、750℃、850℃高温下煅烧2h，再分别按照步骤（1）和步骤（4）处理t_{cs}或t_{ss}。参照步骤（3）分析对废水中的次甲基蓝的吸附效果。

（6）将上述各组样品中对次甲基蓝吸附效果最好和最差的样品来吸附不同pH值的次甲基蓝的水溶液，吸附时间为t_{max}，参照步骤（3）分析。

（7）将上述样品作三乙胺的程序升温吸—脱附，考察其表面酸性的改变情况。

（8）将上述样品作苯的程序升温吸—脱附，考察其比表面的改变情况。

四、数据处理与讨论

（1）给出步骤（1）和步骤（4）处理样品对次甲基蓝吸附效果，分析差异。

（2）给出步骤（5）样品对次甲基蓝的吸附效果差异。

（3）根据步骤（1）、（2）给出的吸附效果好与不好的样品与步骤（7）的关联数据，分析吸附与表面酸性的关系。

（4）根据步骤（1）、（2）给出的吸附效果好与不好的样品与步骤（8）的关联数据，分析吸附与比表面的关系。

（5）讨论。盐酸与硫酸处理有什么影响；处理时间有什么影响；煅烧瓷土矿对酸改性有什么影响；废水的pH值对次甲基蓝的吸附有什么影响。

五、结论

通过上述数据分析与讨论，得出酸改性潮州瓷土作为吸附剂时的影响因素与得到最好吸附剂的条件。

（朱全力提供）

实验十三　程序升温考察添加剂对煤燃烧的影响

一、实验目的

（1）掌握程序升温反应技术在科研中的应用。
（2）考察不同添加剂对煤燃烧的影响。
（3）考察不同添加剂对煤燃烧时固硫的影响。
（4）了解四级质谱在在线分析中的应用。
（5）学会利用已有的知识对实际问题进行分析。

二、实验原理

顾名思义，“程序升温反应技术”是指在温度按照某一程序升温时对反应过程进行考察的一种实验技术。该技术也可以用于某些物理过程，如程序升温吸—脱附等。根据反应的过程，可以分为程序升温还原（Temperature-programmed reduction，TPR）、程序升温氧化（Temperature-programmed Oxidation，TPO）、煤的程序升温燃烧（Temperature-programmed combustion of coal，C－TPC）等。实验过程中，受到在线分析技术的限制，反应只能限制于某些范围之内，如利用 QIC20 四级质谱仪进行检测时，只能检测室温下具有一定蒸汽压且分子量不超过 200 的物质。由于该技术需要的样品量少、快速、对样品性能表征的范围广泛、提供的信息丰富，因此被广泛应用于科研之中。

1．程序升温反应实验装置

图 1 为常用的程序升温反应实验装置示意图。按其功能可以分为温度控制、进料控制、尾气检测三部分。

（1）温度控制。

通过反应炉的温度控制来控制反应管的温度，也就是反应的温度。利用市售的程序控温仪即可以对反应炉进行程序控温。反应管通常为石英材质，一般认为石英呈惰性，不影响反应。但石英制品不耐压，如反应需要在一定压力下进行时，可定做石英衬里的不锈钢反应管或特殊的不锈钢材质反应管。

（2）进料控制。

若需要使用固体，一般将其装于反应管之中。

气体一般采用钢瓶气，通过压力调节器和气体质量流量计控制反应气体的压力与流速。如需要对气体净化，可在气体管路中串联一个气体净化器。

液体进料可以通过微量计量泵输送，也可以通过气体携带液体（装液体的罐浸泡于低温槽中）的蒸气，而其含量的控制则通过控制低温槽的温度来实现。

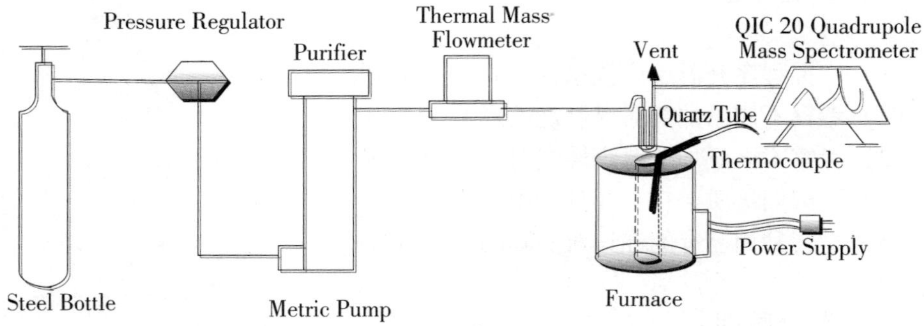

图 1　程序升温反应实验装置示意图

2. 在线检测分析

程序升温反应实验中，在线分析是最重要的一部分。在线分析仪器很多，不同仪器的分析原理不同。下面简单介绍一下 QIC20 四级质谱检测分析。

在室温下具有一定蒸汽压或是气体的物质进入样品室之后，首先受到高能电子（70eV）的撞击发生电离，形成碎片离子，这些碎片离子又可以继续发生电离，形成一系列碎片离子——几乎是所有可能的原子组合的碎片离子。但由于各碎片离子的结构不同，稳定性不同，其寿命也不同，故检测到的强度也不同。因检测时是检测带正电荷碎片离子的 m/z 之值，所以将各碎片离子的相对强度做一个随 m/z 之值变化的图即为该物质的质谱图，常为棒状图。各种物质都有其特征的碎片离子，如每一种物质都有其分子离子（分子失去一个电子的离子），但分子离子不一定是相对强度最大的。每一种物质会有一些相对强度比较高的碎片离子，还会有同位素产生的碎片离子。碎片离子带一个单位正电荷就不稳定，带两个或以上电荷就更不稳定，一般可不予考虑。在线分析的要求是快速。四级质谱有多种分析模式，其中一种是跟踪分析预先设置的一些碎片离子，分析完这些碎片离子需要的时间很短，可达到毫秒，每扫描分析完这些设定的碎片离子一个循环之后就自动进行下一个循环，可以一直进行到反应完成。由于快速分析，其对于在整个温度范围内进行的反应给出了很多详细的信息。关于质谱分析与在线质谱分析可参阅更多的专著。

在线质谱分析中，如何设定跟踪分析的碎片离子呢？对于简单的反应，如氢气还原金属氧化物，反应物能检测到的只有氢气，跟踪 $m/z=2$ 的碎片离子即可，还原产物中能检测到的只有水蒸气，质谱中信号较强的是 $m/z=18$、17 的碎片离子，所以 $m/z=2$ 的碎片离子强度随时间的变化曲线反映出氢气消耗的情况，$m/z=2$信号强度下降表示有消耗；而 $m/z=18$ 或 17 的碎片离子强度随时间的变化曲线表明反应过程中 H_2O 的形成。对于较复杂的反应，情况有所不一样，例如煤的燃烧，燃烧时会有 CO_2和 CO 产生，有 CO_2产生，就会使 $m/z=44$ 的碎片离子的强度增加，但 $m/z=44$ 的碎片离子强度的增加还有可能是煤分解产生的一些有机物所贡献，这时可以结合氧气的消耗来考虑。氧气消耗时，$m/z=32$ 的碎片离子的强度应该下降，于是就可以确定是不是燃烧产生的 CO_2对 $m/z=44$ 的碎片离子有所贡献。但燃烧时也不排除有有机物对 $m/z=44$ 的碎片离子的贡献。温度比较高时，可近似认为 $m/z=44$ 的碎片离子强度的增加就是燃烧产物 CO_2的贡献（也有排除有机物贡献的办法）。煤中含有 S，燃烧产生 SO_2，也会有少量 SO_3，但质谱仪检测不到 SO_3。有 SO_2时，就有产生 $m/z=64$、48 的碎片离子。温度低时，有些有机物也会产生 $m/z=48$ 等的碎片离子，但若在 800℃时，还有 $m/z=64$、48 的碎片离子的形成峰，这时可认为只有 SO_2的贡献。根据反应的过程分析，在 800℃时 SO_2只有可能来自于硫酸盐的分解。于是通过观察某些碎片离子随温度变化而形成，就可判断某些物质随温度变化而形成，或在某些温度区间内随温度变化而形成，当然，也可能有出现干扰的时候。

3. 图谱解析初步

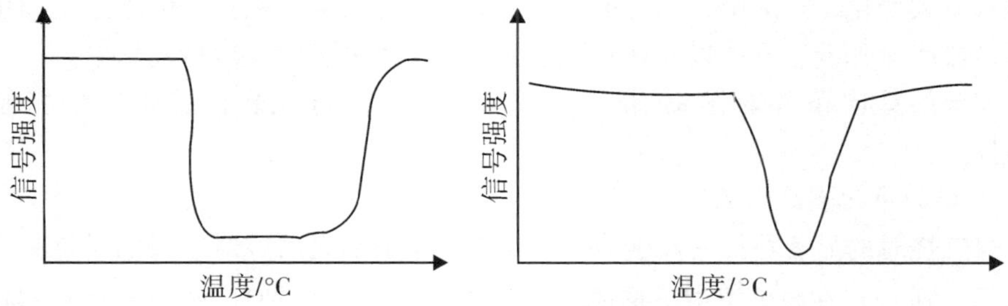

图 2　反应物的信号随温度的变化

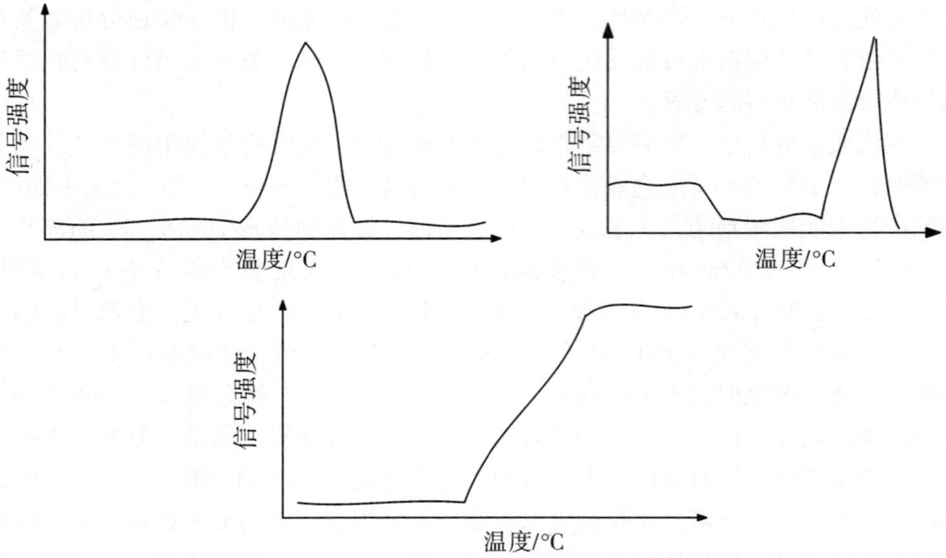

图3　产物信号随温度的变化

（注：有些分析仪器可以变换检测信号的极性，故产生的信号是增加还是降低，要根据具体情况而定）

在反应过程中，反应物在某一温度下开始消耗，于是信号变化如图2所示。根据具体的反应过程，信号变化可能为左，也可能为右，还有可能是其他形状。对于图2左所示的情况，表明反应在某一温度区间差不多恒定进行。而图2右则表示反应有一最佳的温度，超过该温度之后反应减慢，如氢气还原金属氧化物的情况。对于产物的形成，有图3所示的几种情况，图3左表示有一最佳反应温度的情况，对应于图2右。图3右表示反应可能分两个阶段。图3下则表示当温度达到某一值时开始反应，随温度升高，反应加速，达到某一温度之后，转化率几乎没有多大变化。实际中，还有很多种情况与具体反应有关。一般通过上图中的峰温，或明显降低、升高以及达到稳定的对应温度来表示反应情况。

实验的具体条件对图谱有很大影响。若要进行比较，需要严格控制其他条件。

4. 煤的催化燃烧与固硫

煤燃烧时的显著特征是产生CO_2，若添加添加剂之后，对于煤的燃烧具有催化作用，则CO_2在较低温度下形成；煤燃烧时还会产生CO，添加剂具有催化燃烧作用时，CO含量会降低（转化为CO_2）。煤中含有矿物质，在燃烧时先会有一部分转化为硫酸盐，但温度更高之后，硫酸盐的热稳定性不同，会分解产生

SO_2。若添加的物质有固硫作用，则硫酸盐会在更高温度下分解，或在相同温度下分解的量较少。

三、实验步骤

1. 添加剂的制备

将潮州瓷土矿直接作为添加剂。

将氢氧化钙与潮州瓷土矿的混合物作为添加剂，其中氢氧化钙质量分数分别为 10%、20%、30%、40%。

将氢氧化镁与潮州瓷土矿的混合物作为添加剂，其中氢氧化镁质量分数分别为 10%、20%、30%、40%。

将氧化铁与潮州瓷土矿的混合物作为添加剂，其中氧化铁质量分数分别为 10%、20%。

将氧化铁、氧化钙、潮州瓷土矿的混合物作为添加剂，三者质量分数分别为 10%、20%、70%。

将氧化铁、氧化镁、潮州瓷土矿的混合物作为添加剂，三者质量分数分别为 10%、20%、70%。

混合时分两种方法。

方法一：机械混合，即称量之后用研钵研磨至很细颗粒，再充分混合。

方法二：先将称量的潮州瓷土矿加水、搅拌至充分变成泥浆，再加入其他称量的物质，搅拌均匀。之后，在搅拌下于水浴中慢慢升温至无明显干燥。

（注意：潮州瓷土矿称量之前需要在 75℃条件下烘不少于 12h。）

2. 样品制备

称量前，煤样（小于 40 目，市售）在 75℃下烘 4h，上述添加剂在 75℃下烘不少于 12h。

煤样占 90%，添加剂占 10%。按照下述两种方法混合。

方法一：将煤样与混合添加剂的方法一制备的添加剂研磨至充分混合。

方法二：往混合添加剂的方法二制备的添加剂加水，搅拌成泥浆状，再加入煤样，搅拌，混合均匀。在水浴中不断搅拌下，从室温缓慢升高水温，至样品干燥。

使用该方法制备样品时，可与混合添加剂的方法二一起制备，减少水浴加热环节。

参考样品：90% 的煤样 + 10% 的石英砂（40 ~ 60 目），混合均匀。

3. 煤的程序升温燃烧

所有样品称量前均需在75℃条件下烘12h。

均称量样品0.5g，装于U形石英管中，出气端还需加入一些石英砂（1cm高）。

连接反应管，通入20mol O_2/Ar混合气体，控制流速60mL · min^{-1}，检查装置是否漏气，之后将炉温恒定在120℃，设置好要升温的程序：从120℃以5℃ · min^{-1}升到1 000℃。开启在线质谱仪，设置好需要跟踪的碎片离子，并做好记录。待质谱仪稳定之后，启动升温程序，并记录质谱运行时间与炉温。达到1 000℃后停止加热，并停止质谱仪分析，导出数据。

四、数据处理与分析

1. 数据处理

将每一个样品的数据中质谱运行时间所对应的炉温换算出来，即可以做出碎片离子强度随温度变化的曲线。

将参考样品、添加瓷土矿与不同含量氧化钙的样品中 $m/z=64$ 的碎片离子随温度变化曲线做于一张图中；

将参考样品、添加瓷土矿与不同含量氧化镁的样品中 $m/z=64$ 的碎片离子随温度变化曲线做于一张图中；

将参考样品、添加瓷土矿与不同含量氧化铁的样品中 $m/z=64$ 的碎片离子随温度变化曲线做于一张图中；

将参考样品、添加瓷土矿与不同含量氧化钙的样品中 $m/z=44$ 的碎片离子随温度变化曲线做于一张图中；

将参考样品、添加瓷土矿与不同含量氧化镁的样品中 $m/z=44$ 的碎片离子随温度变化曲线做于一张图中；

将参考样品、添加瓷土矿与不同含量氧化铁的样品中 $m/z=44$ 的碎片离子随温度变化曲线做于一张图中；

将相同氧化钙、氧化镁含量添加剂添加的样品中 $m/z=64$ 的碎片离子随温度变化曲线做于一张图中；

将相同氧化钙、氧化镁含量添加剂添加的样品中 $m/z=44$ 的碎片离子随温度变化曲线做于一张图中；

将相同氧化钙含量，添加与未添加氧化铁的样品中 $m/z=64$ 的碎片离子随温度变化曲线做于一张图中；

将相同氧化镁含量，添加与未添加氧化铁的样品中 $m/z=64$ 的碎片离子随温度变化曲线做于一张图中；

将相同氧化钙含量，添加与未添加氧化铁的样品中 $m/z=44$ 的碎片离子随温度变化曲线做于一张图中；

将相同氧化镁含量，添加与未添加氧化铁的样品中 $m/z=44$ 的碎片离子随温度变化曲线做于一张图中；

将相同氧化钙含量、添加相同氧化铁含量的样品；相同氧化镁含量、添加相同氧化铁含量的样品中 $m/z=64$ 的碎片离子随温度变化曲线做于一张图中；

将相同氧化钙含量、相同氧化铁含量的样品，相同氧化镁含量、相同氧化铁含量的样品中 $m/z=44$ 的碎片离子随温度变化曲线做于一张图中。

2. 分析与讨论

分析 $m/z=64$ 的碎片离子随温度的变化曲线中在什么温度范围内可以代表 SO_2 随温度的变化，并分析在该温度范围内 SO_2 由什么物种产生；

分析 $m/z=44$ 的碎片离子随温度的变化曲线中在什么温度范围内可以代表 CO_2 随温度的变化，并分析在该温度范围内 CO_2 由什么物种产生；

比较步骤 3 中各样品形成 SO_2 的差异、CO_2 形成的差异，并分析产生这些差异的本质原因。

找出在什么情况下可以催化煤的燃烧，什么情况下有利于固硫。

五、结论

根据上述分析与讨论，可获得添加什么物质具有催化煤燃烧和固硫作用的结论，或×××物质与×××物质复合具有促进燃烧或固硫的作用。

（朱全力提供）

实验十四 聚苯乙烯磺酸钠阳离子交换树脂的制备及表征

一、实验目的

（1）学习悬浮聚合的实验方法，了解悬浮聚合的配方及各组分的作用。

（2）了解控制粒径的成珠条件及不同类型悬浮剂的分散机理、搅拌速度、搅拌器形状对悬浮聚合物粒径等的影响，并观察单体在聚合过程中之演变。

（3）了解阳离子交换树脂的制备及表征。

二、实验原理

离子交换树脂广泛应用于化工生产、湿法冶金、原子能、食品、医药工业和分析化学与环境保护等领域。聚苯乙烯磺酸钠是凝胶型强酸性阳离子交换树脂，骨架结构为二乙烯苯交联的聚苯乙烯立体网状结构，可由含烯基的单体与含双烯基的交联剂通过自由基聚合反应形成。本实验采用了悬浮聚合及磺化反应来制备聚苯乙烯磺酸钠离子交换树脂，并通过傅立叶红外光谱分析（FT - IR）、热重法分析（TG）、激光扫描粒径分析仪等手段确证了聚苯乙烯磺酸钠离子交换树脂的结构和药物树脂复合物的结合方式，并对其进行了表征。

悬浮聚合是由烯类单体制备高聚物的重要方法之一。其优点有：由于水为分散介质，聚合热可以迅速排除，因而反应温度容易控制；生产工艺简单；制成的成品呈均匀的颗粒状，故又称为珠状聚合；产品不经造粒即可直接成型加工。

悬浮聚合是将单体以微珠形式分散于介质中进行的聚合。从动力学的观点看，悬浮聚合与本体聚合完全一样，每一个微珠相当于一个小的本体。悬浮聚合克服了本体聚合中散热困难的问题，但因珠粒表面附有分散剂，所以会使纯度降低。当微珠聚合到一定程度，珠子内粒度迅速增大，珠与珠之间很容易碰撞黏结，不易形成珠子，甚至黏成一团，为此必须加入适量分散剂，并选择适当的搅拌器与搅拌速度。由于分散剂的作用机理不同，在选择分散剂的种类和确定分散剂用量时，要随聚合物种类和颗粒要求而定，如颗粒大小、形状、树脂的透明性和成膜性能等，同时也要注意合适的搅拌强度和转速、水与单体比等。

苯乙烯（St）通过聚合反应生成如下聚合物。

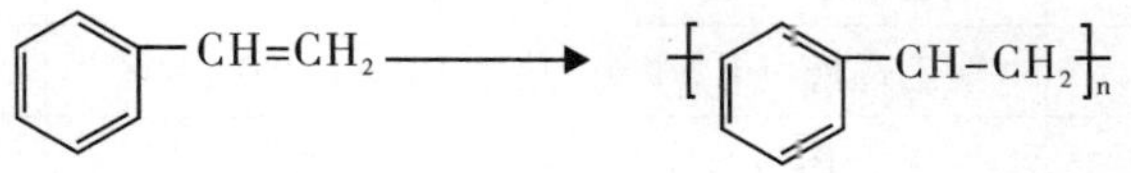

本实验要求聚合物体具有一定的粒度。粒度的大小通过调节悬浮聚合的条件来实现。

三、仪器及试剂

仪器：250mL 三口烧瓶、电动搅拌器、温度计、恒温水浴、表面皿、吸管、移液管、布氏漏斗、傅立叶红外仪、热重分析仪、激光扫描粒径分析仪。

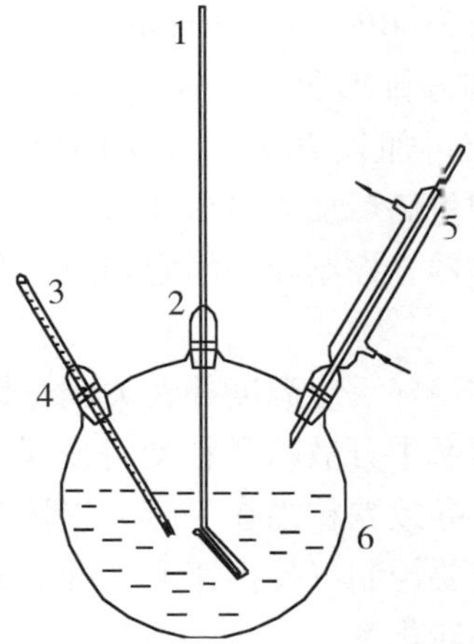

图 1　聚合装置图

（1. 搅拌器　2. 四氟密封塞　3. 温度计　4. 温度计套管　5. 冷凝管　6. 三口烧瓶）

试剂配方如下表所示：

组　分	试　剂	规　格	加料量
单　体	苯乙烯、二乙烯苯	>99.5%	16mL、0.7mL
分散剂	聚乙烯醇（1.5%）	DP = 1 750 ± 50	20mL
引发剂	BPO	精制	0.3g
介　质	水	无离子水	130mL
洗　涤	甲醇	化学纯	100mL

四、实验步骤

1. 聚合

按图 1 安装好实验装置，为保证搅拌速度均匀，整套装置安装要规范。尤其是搅拌器安装后，用手转动，阻力小，转动轻松自如。

用分析天平准确称取 0.3g BPO 放于 100mL 锥形瓶中；再用移液管按配方量取苯乙烯和二乙烯基苯，加入锥形瓶中；轻轻振动，待 BPO 完全溶解于苯乙烯后将溶液加入三口烧瓶中；再加入 20mL 1.5% 的聚乙烯醇溶液；最后用 130mL 无离子水分别冲洗锥形瓶和量筒后加入三口烧瓶中。

通过冷凝水。启动搅拌器并控制在一恒定转速，在 20 ~ 30min 内将温度升至 85℃ ~ 90℃，开始聚合反应。

在整个过程中除了要控制好反应温度外，关键还是要控制好搅拌速度。尤其是反应一个多小时以后，体系中分散的颗粒变得发黏（为什么），这时搅拌速度如果忽快忽慢或者停止都会导致颗粒黏在一起，或黏在搅拌器上形成结块，致使反应失败。所以反应中一定要控制好搅拌速度。可在反应后期将温度升至反应温度上限，以加快反应，提高转化率。

反应 1.5 ~ 2h 小时后，可用吸管吸取少量颗粒于表面皿中进行观察，如颗粒变硬发脆，可结束反应。

停止加热，撤出加热器，一边搅拌以便用冷水将聚合体系冷却至室温（为什么）。停止搅拌，取下三口烧瓶。产品用布氏漏斗滤干，并用热水洗涤数次（为什么）。最后插屏在鼓风干燥箱烘干（50℃），称重并计算产率。

2. 聚苯乙烯磺酸钠离子交换树脂的制备

将得到的共聚珠体 10g 加入反应器中，按投料比搅拌，加入 5mL 二氯乙烷，先溶胀 30min 再加入事先配好的 93% 浓硫酸 25mL，逐步升温至 82℃ ±1℃磺化反应 4h，继续升温至 90℃ ~95℃，维持反应 2h 进行深度磺化，再升温至 110℃ ~120℃反应 2h，并同时蒸馏回收二氯乙烷，再减压回收残留的二氯乙烷 30min，冷却至 25℃以下，缓慢加水稀释使硫酸浓度逐步下降至 1% 以下，水洗后加入 8% 的 NaOH 溶液将树脂逐步转变为 Na 型，使 pH 值达到 10 ~12 稳定 2h 不变，最后用大量水洗至 pH 值为 7 ~8 为止，滤干得产品。

3. 聚苯乙烯磺酸钠离子交换树脂结构表征

将本品用 KBr 压片后经傅立叶变换红外色谱仪进行红外光谱检测，所得图与聚苯乙烯磺酸钠离子交换树脂的标准图谱相对照，以确证其化学结构。测定热重法分析制得的聚苯乙烯磺酸钠离子交换树脂的耐热性能，升温速度 10℃ $\cdot$ min^{-1}，温度范围 300℃ ~400℃。聚苯乙烯磺酸钠离子交换树脂粒径和粒径分布利用光散射原理，采用激光散射仪测定。

五、注意事项

（1）反应时搅拌要快、均匀，使单体能形成良好的珠状液滴。

（2）80℃ ±1℃保温阶段是实验成败的关键阶段，此时聚合热逐渐放出，油滴开始变黏，易发生粘连，需密切注意温度和转速的变化。

（3）如果聚合过程中发生停电或聚合物黏在搅拌棒上等异常现象，应及时降温终止反应并倾出反应物，以免造成仪器报废。

六、思考题

（1）结合悬浮聚合的理论说明配方中各种组分的作用。如改为苯乙烯的本体聚合或乳液聚合，此配方需做哪些改动，为什么？

（2）分散剂作用原理是什么？如何确定用量，攻变用量会产生什么影响？如不用聚乙烯醇可用什么代替？

（3）悬浮聚合对单体有何要求？聚合前单体应如何处理？

（4）根据实验体会，结合聚合反应机理，你认为在悬浮聚合的操作中应特别注意哪些问题？

（陈春明提供）

实验十五　海藻酸钠的提取、交联及应用

一、实验目的

（1）学习海藻酸钠提取的原理和方法。
（2）了解海藻酸钠交联的原理和方法。
（3）了解交联海藻酸钠的用途。

二、实验原理

海藻酸钠是一种以海带为原料、通过提取分离精制而成的多糖类生物高分子，为白色或淡黄色粉末，海藻酸钠具有增稠性好、成膜性好、凝胶强度高、成丝性好等优点，是良好的食品添加剂。本实验探索海藻酸钠的提取工艺，并对实验结果予以分析和讨论。进一步将海藻酸钠进行交联反应，制备海藻酸钠纤维，用交联纤维制造非织造布伤口敷料，具有较高的生理活性、优良的力学性能和吸水性。用环氧氯丙烷和海藻酸钠发生醇羟基交联反应，制得新的交联海藻酸钠产品，由于交联反应所获得的醚键键能比原海藻酸钠分子之间的氢键键能强，可以提高海藻酸钠应用性能。

三、仪器与试剂

仪器：布氏漏斗、抽滤瓶、电子恒速搅拌器、循环真空水泵、分析天平、傅立叶红外光谱仪、滤膜。

试剂：海带，市售食用级；HCl，分析纯；无水 Na_2CO_3，分析纯；NaClO 溶液、甲醛溶液、环氧氯丙烷、氢氧化钠、无水乙醇均为化学纯试剂。

四、实验步骤

1. 海藻酸钠的提取

海带→浸泡→粉碎→消化→过滤→脱色→酸凝聚→过滤→碱中和→超滤→海藻酸钠析出→过滤→干燥→粉碎→海藻酸钠成品，具体操作如下：加 10 倍于海带重量的水浸泡海带 4h，使藻体膨胀软化，并加适量甲醛，使甲醛溶液初始浓度为 4%。将海带色素固定在表皮细胞中，不致溶于水中导致产品色泽加深。同时，甲醛对植物细胞壁纤维组织有破坏作用，有利于消化过程中海藻酸盐的置换与溶出。浸泡结束后，洗涤、抽水。用 2% 的 Na_2CO_3 溶液常温消化，用 5% 的 NaClO 溶液调节料液 pH 为 11，常温脱色 6h。在脱色后的海藻酸钠溶液中加入 10% 的 HCl 溶液，边加边搅拌，逐渐出现海藻酸胶块，过滤后用蒸馏水洗涤 2 次，以除去附着在凝胶上的盐酸、无机盐及色素等。在过滤后的海藻酸凝胶中加入 1% 的 Na_2CO_3 溶液，调节 pH 值至 7，充分搅拌均匀，使海藻酸完全转化为海藻酸钠溶液。采用抽滤过滤，滤液中加入无水乙醇，边加边搅拌，直至海藻酸钠呈絮状物完全析出，过滤后置于干燥箱中，用 38℃ 热风干燥至恒重，经粉碎后，成为海藻酸钠制品。

2. 海藻酸钠的交联

在烧瓶中加入 3g 海藻酸钠，加入 30g 水混合成黏稠浆状，用 NaOH 溶液将 pH 值调至 10，3min 内加入占绝干海藻酸钠质量的 5% 的环氧氯丙烷，在 60℃ 下反应 3.5h。然后进行提取处理，加入无水乙醇将交联海藻酸钠析出，然后用循环真空水泵抽滤，将固液进行分离。再用无水乙醇浸泡产物 10min，然后再次抽滤，重复上述操作 3 次，将所得交联海藻酸钠在室温条件下自然风干。以溴化钾压片，通过傅立叶红外光谱仪测得海藻酸钠和交联海藻酸钠的红外图谱。

3. 应用

将交联海藻酸钠与纤维素在水中分散、制成混合浆料、抽滤制成膜，干燥用于敷料的实验研究。将交联海藻酸钠用于处理废水脱除重金属离子的实验研究。

五、注意事项

（1）学生应按要求复习反应装置的安装，抽滤装置的安装使用，红外光谱仪的使用。

（2）在提取过程中，若有铁、铜等金属离子存在，将会使中间产物海藻酸钠降解，所以所有实验原料溶解、试剂配置及稀释、产品检验用水都使用去离子水，以尽可能避免金属离子的引入。

（3）消化时，溶液浓度的高低对海藻酸钠成品有较大的影响，溶液浓度太高不但会使海藻酸钠成品黏度下降，也会导致海藻酸钠的提取率降低，实验结果表明2%的 Na_2CO_3 溶液效果良好。

（4）氧化脱色剂 NaClO 溶液浓度对海藻酸钠成品黏度有很大影响，高浓度的 NaClO 溶液脱色非常好，但海藻酸钠黏度会大大下降，因此，可以降低 NaClO 溶液浓度，而相对延长脱色时间也能达到良好的效果，实验中5%的 NaClO 溶液脱色效果好。

六、思考题

（1）海藻酸钠对反应有何影响？

（2）溶液的 pH 值过高或过低对海藻酸钠的提取有何影响？

（3）海藻酸钠交联反应的原理是什么？

（4）为什么要控制 pH 值在 10 左右，过高或过低对交联反应有什么影响？

（5）交联海藻酸钠还有什么用途？

（陈春明提供）

实验十六　粉体材料表面疏水化改性实验Ⅰ

一、基本理论

1. 疏水表面概述

表面润湿性是固体表面的重要特性之一，也是极为常见的一类界面现象，固体表面的润湿性由其表面化学组成和微观几何结构共同决定。而超疏水表面作为具有特殊浸润性表面的一种，可用来防水、防雾、防雪、防尘等。所谓疏水表面一般是指与水的接触角（contact angle，CA）大于90°的面。通常，制备疏水性表面的方法有两种：一种是在具有低表面能的疏水材料，接触角大于90°表面上构筑粗糙的几何结构；另一种是在具有粗糙结构的表面上利用低表面能物质如氟化物等进行表面修饰。①

2. 疏水化技术

喷雾法是利用喷雾器将溶液喷洒成雾分散悬浮在空气中，再降落到需要处理的对象上的方法。雾是液体以极细小的液滴分散悬浮在空气中。雾滴大小可以从0.01μm到1 000μm或更粗。

化学气相沉积法是传统的制备薄膜的技术，其原理是利用气态的先驱反应物，通过原子、分子间化学反应，使得气态前驱体中的某些成分分解，而在基体上形成薄膜。

溶胶—凝胶法就是将含高化学活性组分的化合物经过溶液、溶胶、凝胶而固化，再经热处理而成的氧化物或其他化合物固体的方法。其基本原理是将酯类化合物或金属醇盐溶于有机溶剂中，形成均匀的溶液，然后加入其他组分，在一定温度下反应形成凝胶，最后经干燥处理制成产品。

3. 疏水理论基础

在化学中，疏水性是指一个分子（疏水物）与水互相排斥的物理性质。疏

---

① 江雷. 化工进展，2003，12（22）：1258～1264.

水性分子偏向于非极性，在水中通常会聚成一团，而水在疏水性溶液的表面会形成一个很大的接触角而形成水滴状或水珠。

接触角是指在固—液—气三相交点处做气—液界面的切线，此切线与固液交界线之间的夹角 θ（如下图所示）。

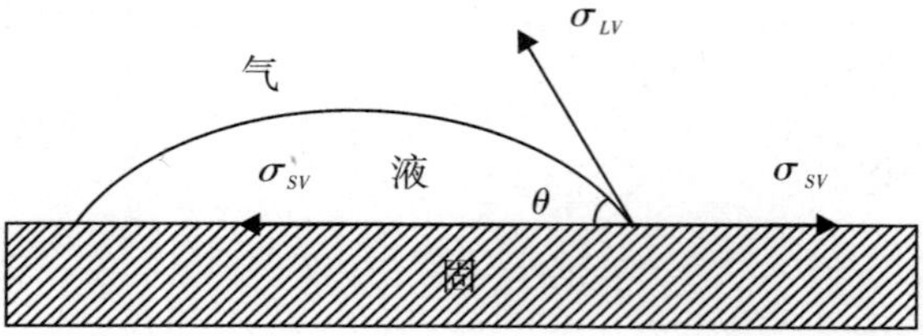

液滴在光滑平坦固体表面的接触角 θ 可以用 Young's[①] 方程来表示：

$$\cos\theta = (\sigma_{SV} - \sigma_{SL}) / \sigma_{LV} \quad (1)$$

σ_{SV}、σ_{SL}和 σ_{LV}分别为固—气、固—液和液—气间的表面张力。该方程的应用条件是理想表面（固体表面是组成均匀、平滑、不变形和各向同性的）。

在非理想固体表面的接触角 θr，用 Wenzel 方程表示：

$$\cos\theta r = r\cos\theta \quad (2)$$

r 为粗糙度，是指实际的固—液界面接触面积与表观几何观察到的固—液界面接触面积之比（$r \geqslant 1$）。

Wenzel 方程表明，粗糙表面的存在使得实际上固—液的接触面大于表观几何上观察到的面积，使得其疏水性在几何上增强。Wenzel 认为液体始终能填满粗糙表面上的凹槽。

Cassie 拓展了 Wenzel 的上述处理，提出了可以将粗糙不均匀的固体表面设想为一个复合表面。假设固体表面是由物质 1 和 2 组成，这两种不同成分的表面是极小的物质均匀分布在表面上形成的。它们的本证接触角分别用 θ_1 和 θ_2 表示，在单位面积上所占的表面积分数分别为 f_1 和 f_2（$f_1 + f_2 = 1$），又设当液滴在表面展开时两种表面所占的分数不变。则 Cassie 方程可用以下表示：

$$\cos\theta r = f_1\cos\theta_1 + f_2\cos\theta_2 \quad (3)$$

---

① 石璞，陈洪，龚惠青等．超疏水表面的制备方法［J］．功能高分子学报，2008，21(2)：230～236.

由于空气与水的接触角为180°。因此，公式（3）可以转变为：

$$\cos\theta r = f_1 \cos\theta - f_2 \tag{4}$$

Cassie 认为液滴在疏水表面上不能填满粗糙表面上的凹槽，在液滴与固体之间存在着截留空气。

在 Wenzel 和 Cassie 的共存条件下，液滴只能填充一半左右粗糙表面上的凹槽。

这些理论的提出为制作疏水性材料奠定了理论基础。

4. 实验意义

本实验通过对无机材料实施表面的化学改性来理解物理化学的界面现象和材料表面的物理化学特性。

二、实验部分

1. 材料、试剂和主要仪器

材料：玻璃片。

试剂：硅烷偶联剂、无水乙醇（分析纯）、蒸馏水。

仪器：烧杯、镊子、喷瓶（3 个）、耐高温聚四氟乙烯反应盒（6 个）、小型玻璃瓶（3 个）、两个中型烧杯、JC200C1 接触角测试仪（上海中晨数字技术设备有限公司）、JWO8A 紫外清洗测量系统（上海中晨数字技术设备有限公司）、GZX－9023MBE 电热恒温鼓风干燥箱（上海博讯实业有限公司医疗设备厂）、SB5200D 超声波清洗器（宁波新芝生物科技股份有限公司）。

2. 实验操作步骤

（1）样品前处理。

将玻璃片锯成面积为2cm×2cm 的7 片小玻璃片，放在紫外清洗机内进行紫外光照30min，确保玻璃片表面的有机污染等残留物得以清除。

（2）疏水薄膜的制备。

①将少量的疏水剂与催化剂先后分别均匀喷在玻璃片 1 和玻璃片 2 上，放入反应盒，密封后放进 146°C 烘箱中反应成膜，烘箱设置为 3h 后停止。待停止后的一个半小时左右，将装有玻璃片 1 的反应盒拿出来，静置半个小时，然后拿去测接触角，将玻璃片 2 在烘箱中静置冷却后，再去测接触角。

再将它们用超声波清洗 5min 左右后，再次拿去测接触角。

将疏水剂和催化剂按照 1：1 的比例混合分别均匀喷在玻璃片 3 和玻璃片 4 上，以下操作同上，将玻璃片 3 先拿出来。

②将疏水剂装入小玻璃瓶中，与玻璃基板材料一起放进反应盒中，于150°C烘箱中反应3h，成膜，再去测接触角。用超声波清洗5min左右后，再次拿去测接触角。

（3）评价测试方法。

在室温环境下用JC2000C1型接触角测量仪测量未处理的样品和改性反应后的样品表面的静水滴接触角值；测量点取4个不同位置测量，最后取其平均值作为样品表面的接触角。

三、结果与讨论

1. 实验结果数据表（参考）

样品	反应后	清洗后	清洗后	
			正面	反面
1				
2				
3				
4				
5				
6				

2. 讨论

（吴云影提供）

实验十七　粉体材料表面疏水化改性实验Ⅱ

一、基本理论

1. 疏水表面概述

表面润湿性是固体表面的重要特性之一，也是极为常见的一类界面现象，固体表面的润湿性由其表面化学组成和微观几何结构共同决定。而超疏水表面作为具有特殊浸润性表面的一种，可用来防水、防雾、防雪、防尘等。所谓疏水表面一般是指与水的接触角（contact angle，CA）大于90°的面。通常，制备疏水性表面的方法有两种：一种是在具有低表面能的疏水材料，接触角大于90°表面上构筑粗糙的几何结构；另一种是在具有粗糙结构的表面上利用低表面能物质如氟化物等进行表面修饰。①

2. 接触角测量原理

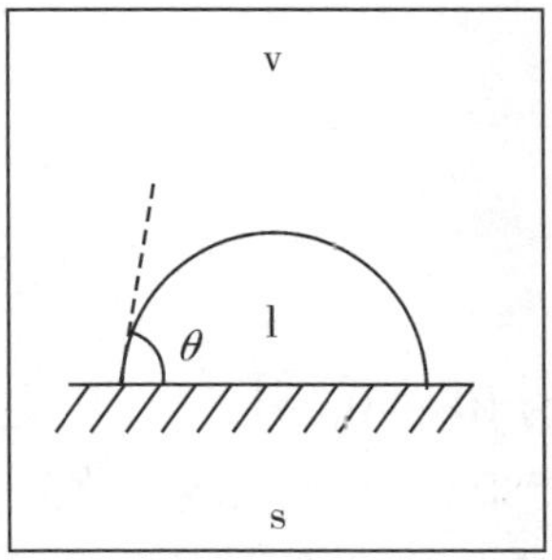

液体与固体接触时的润湿情况有两种。第一种情况，液体完全润湿固体表面，即液—气（l－v）界面与固—液（s－l）界面之间的接触角为0°。第二种情况，液体部分润湿固体表面，即液体在固体表面形成液滴，呈现非零接触角。如

---

① 江雷．化工进展，2003，12（22）：1258～1264.

图所示，对于此种情况的宏观液滴，三相界面张力满足 Young's 方程：

$$\gamma_{lv}\cos\theta = \gamma_{sv} - \gamma_{sl} \tag{1}$$

其中，γ 为界面张力，下标 l、v 和 s 分别代表液相、气相和固相，θ 为接触角。

在学术上普遍认可的接触角的定义是：过三相接触点，向 l－v 界面做切线，l－v 界面切线与 s－l 界面之间的夹角即为接触角。固体对某种液体的接触角越大，表明该液体对表面的润湿性越差。例如，材料对水的接触角越小，表明材料的亲水性越强。①

3. 硅烷偶联剂简介

硅烷偶联剂是在分子中同时具有两种不同的反应性基团的有机硅化合物，可以形成无机相—硅烷偶联剂—有机相的结合层，从而使聚合物与无机材料界面间获得较好的黏接强度。此类新型助剂在 20 世纪 40 年代由美国的联合碳化物公司（Union Carbide Corporation）、道康宁公司（Dow Corning Corporation）首先开发。五六十年代后相继出现了氨基和改性氨基硅烷，以后又开发了耐热硅烷，阳离子硅烷，重氮、叠氮硅烷，硅氨烷等。目前国外报道的硅烷偶联剂已达 100 多种，其中三分之一已获得实际应用，用途也深入各个领域。

4. 实验意义

本实验通过对无机粉体材料实施表面的化学改性来理解物理化学的界面现象和材料表面的物理化学特性。

二、实验部分

1. 材料、试剂和仪器

材料：玻璃粉体（直径约 10～40μm）。

试剂：硅烷偶联剂（KH580）、无水乙醇、草酸、乙酸、蒸馏水。

仪器：磁力搅拌加热器或水浴加热器＋棒式搅拌器、铁架台、烧杯、玻璃棒、抽滤瓶、布式漏斗、研钵、量筒、圆底烧瓶（或平底三角瓶）、回流管、表面皿、pH 试纸、JC200C1 接触角测试仪（上海中晨数字技术设备有限公司）、JW08A 紫外清洗测量系统（上海中晨数字技术设备有限公司）、GZX－9023MBE

① 苏瑞彩等．硅烷偶联剂 KH570 对纳米 SiO_2 的表面改性及其分散稳定性．化工进展，2009（9）．

电热恒温鼓风干燥箱（上海博讯实业有限公司医疗设备厂）。

2. 实验操作步骤

（1）改性反应。

①取 30mL 无水乙醇和 10mL 蒸馏水，倒入圆底烧瓶，再称取玻璃粉 0.5g，取 15mL 硅烷偶联剂，倒入圆底烧瓶，并用草酸调节 pH 值至 4 左右（用玻璃棒蘸取溶液滴在 pH 试纸上，与标准比色卡对照）。

②安装好回流装置，打开回流冷却水和搅拌器，调节温度至 70℃左右，反应进行 90min。

③90min 后停止反应，趁热将反应悬浮液倒出，固液分离（抽滤、过滤）。

④滤出物烘干（80℃）后，对改性后粉体用目测和仪器测量评价改性效果。

⑤考察反应温度的影响，对室温反应、50℃、70℃的进行比较。

⑥考察烘干温度的影响，对室温反应、50℃、80℃、100℃、150℃的进行比较。

（2）改性效果的评价方法。

①目测方法。将水滴在未处理粉体与处理粉体上面，观察水滴形状，并拍照记录；作为比较，先测量一块已经清洗的普通玻璃 3 ~4 个不同位置与水的接触角，记录数据。

②用 JC2000C1 型接触角测量仪测量样品表面与水的接触角（或拍照）。

三、实验结果与分析

1. 实验数据处理

样品名					图像

2. 讨论

（吴云影提供）

实验十八　苯的程序升温加氢考察Ⅷ族金属的催化性能

一、实验目的

（1）掌握程序升温技术在科研中的应用。

（2）利用苯的程序升温加氢反应考察Ⅷ族金属的催化性能。

（3）掌握一种催化剂的常用制备方法——浸渍法。

（4）了解四级质谱在在线分析中的应用。

（5）学会利用已有的知识对实际问题进行分析。

二、实验原理

顾名思义，“程序升温反应技术”是指在温度按照某一程序升温时对反应进行考察的一种技术，是常用于对固体样品进行表征的一种实验分析技术。该技术也可以用于某些物理过程，如程序升温吸—脱附等。根据反应的过程，可以分为程序升温还原（Temperature-programmed reduction，TPR）、苯的程序升温加氢（Temperature-programmed hydrogenation of benzene，B－TPH）、程序升温氧化（Temperature-programmed Oxidation，TPO）等。实验过程中，受到在线分析技术的限制，能考察的反应只能限制于某些范围之内，如利用 QIC20 四级质谱仪进行检测时，只能检测室温下具有一定蒸汽压且分子量不超过 200 的物质。由于该技术需要的样品量少、快速、对样品性能表征的范围广泛、提供的信息丰富，故广泛被应用于科研之中。

1. 程序升温反应实验装置

图 1 为常用的程序升温反应实验装置示意图。按其功能可以分为温度控制、进料控制、尾气检测三部分。

（1）温度控制。

通过反应炉的温度控制来控制反应管的温度，也就是反应的温度。利用市售的程序控温仪即可以对反应炉进行程序控温。反应管通常为石英材质，一般认为石英呈惰性，不影响反应。但石英制品不耐压，如反应需要加压进行时，可定做石英衬里的不锈钢反应管或特殊的不锈钢材质反应管。

（2）进料控制。

若需要使用固体，一般装固体于反应管之中。

气体一般采用钢瓶气，通过压力调节器和气体质量流量计控制反应气体的压力与流速。

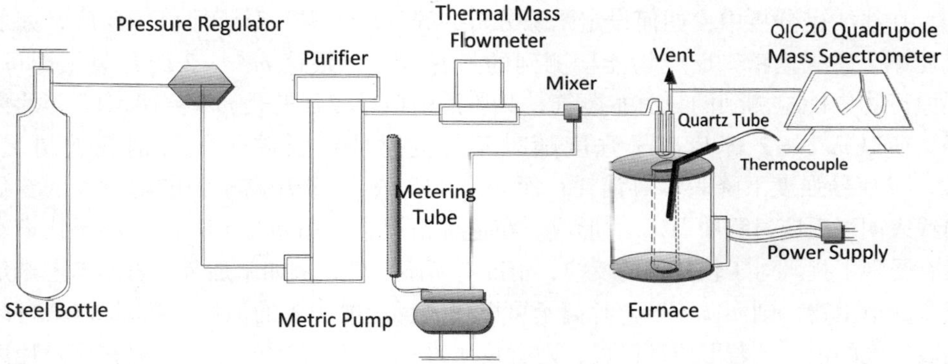

图 1　程序升温反应实验装置示意图

如需要对气体净化，可在气体管路中串联一个气体净化器。

液体进料可以是通过微量计量泵输送，也可以是通过气体携带液体（装液体的罐浸泡于低温槽中）的蒸气，而其含量的控制则通过控制低温槽的温度来实现。

2. *在线检测分析*

在程序升温反应装置中，在线分析装置是很重要的一部分，有很多仪器可以用于在线分析，但原理不同。下面简单介绍下 QIC20 四级质谱检测分析。

在室温下具有一定蒸汽压或是气体的物质进入样品室之后，首先受到高能电子的撞击发生电离，形成碎片离子，碎片离子又可以继续发生电离，形成一系列次级碎片离子，几乎是所有可能的原子组合的碎片离子。但由于各碎片离子的结构不同，稳定性不同，其寿命也不同，故检测到的强度也不同。因检测时是检测带正电荷的碎片离子的 m/z 之值变化，所以将各碎片离子的相对强度做一个随 m/z 之值的图即为该物质的质谱图，常为棒状图。对于各物质的质谱，一般有一些特征的碎片离子，如每一种物质都有其分子离子（分子失去一个电子的离子），但分子离子不一定是相对强度最大的。每一种物质会有一些相对强度比较高的碎片离子，还会有同位素产生的碎片离子。碎片离子带一个单位正电荷时就不稳定，带两个或以上电荷就更不稳定，一般可不予考虑。对于在线分析，要求快速。四级质谱有多种分析模式，其中一种是跟踪分析预先设置的碎片离子，分析完一次这些碎片离子需要的时间很短，可达到毫秒级，每扫描分析完这些设定的碎片离子一个循环之后就自动进行下一个循环，可以一直继续到反应完成。由于快速分析，其对于在整个温度范围内进行的反应都给出了详细的信息。关于质谱分析与在线质谱分析可参阅更多的专著。

在线质谱分析中，如何设定跟踪分析的碎片离子呢？对于简单的反应，如氢气还原金属氧化物，反应物能检测到的只有氢气，跟踪 $m/z=2$ 碎片离子即可，还原产物中能检测到的只有水蒸气，其质谱中信号较强的是 $m/z=18$、17 碎片离子，所以 $m/z=2$ 碎片离子强度随时间的变化曲线反映了氢气消耗的情况，$m/z=2$信号强度下降表示有消耗；而 $m/z=18$ 或 17 碎片离子强度随时间的变化曲线表明了反应过程中 H_2O 的形成。在这种情况下，用 $m/z=18$ 碎片离子代表水没有受到干扰。对于较复杂的反应，情况有所不一样，例如苯加氢，若不考虑苯形成苯的衍生物，则 $m/z=78$ 碎片离子可以代表反应物中苯的消耗，而 $m/z=2$ 可以代表氢气的消耗。若形成环已烷，则有较强的 $m/z=56$ 碎片离子，同时在该碎片离子强度增加时，$m/z=84$ 碎片离子的强度也必增加。这是一种比较近似处理的情况，事实上，有有机物存在时，也产生 $m/z=2$ 的碎片离子，只不过不论是哪一种有机物，对在氢气存在条件下 $m/z=2$ 碎片离子的强度贡献很小，可以忽略。若苯在氢气存在条件下形成环已烯或环已二烯，则也会产生 $m/z=78$ 的碎片离子，但如果在某一时间（对应一反应温度）下产生环已烯，在该时间下 $m/z=80$ 碎片离子的强度也必增加，于是根据这些关系，可以推论有哪些产物形成。

3. 图谱解析

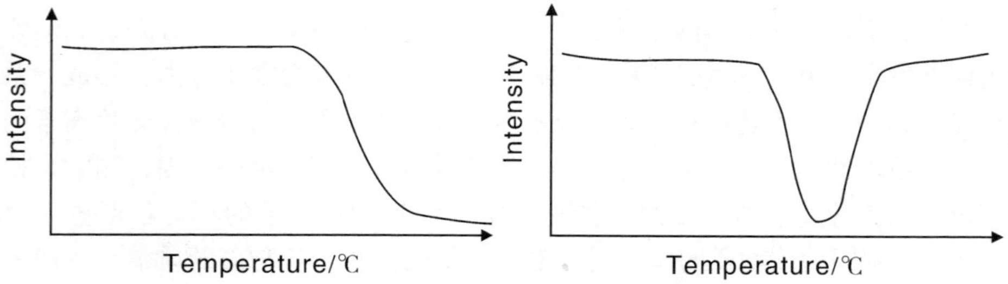

图 2　反应物的信号随温度的变化

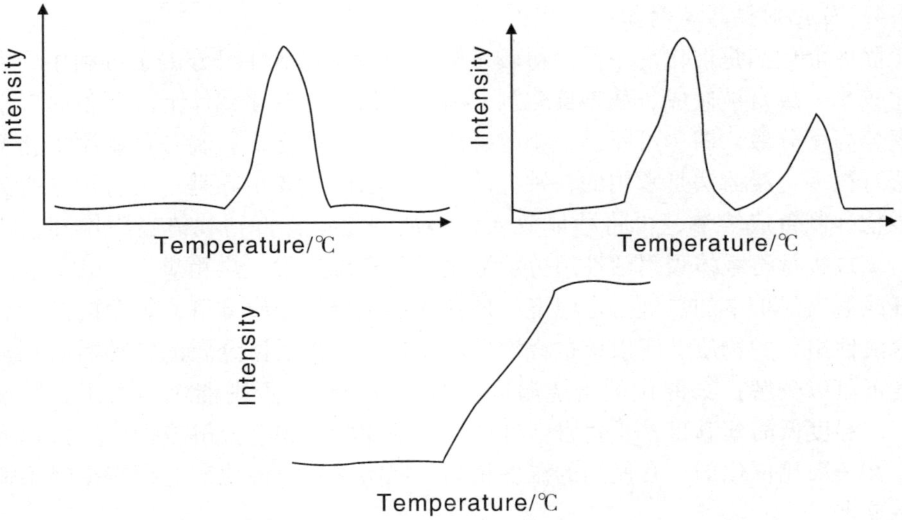

图3　产物信号随温度的变化

（注：有些分析仪器可以变换检测信号的极性，故产生的信号是增加还是降低，要根据具体情况而定）

图2和图3是可能的几种反应物消耗与产物形成的一些图谱。在反应过程中，反应物在某一温度下开始消耗，于是信号强度变化如图2左所示（注意：仪器也可以将信号的极性改变）。对于该类型，信号强度明显下降时有一对应的温度，可以认为该温度是反应开始的温度。反应达到某一温度之后，转化率就不会有多大变化，这时的信号几乎是水平的。对于图2右所示的情况，反应在某一温度开始，在某一温度下达到最大值，超过该温度之后，反应速率降低，再达到某一温度后，就几乎不反应了，如氢气还原金属氧化物的情况。对于产物的形成，信号的改变与反应物的信号的改变方向相反，有图3所示的几种情况，图2左对应于图3下，图2右对应于图3左。图3右与图3左类似，可能是因为温度高了改变了反应历程，从而导致两个产物的形成峰。实际中，也有多个形成峰的情况。一般通过上图中的峰温，或明显降低、升高以及达到平台的对应温度来表示反应情况。

对于反应物的消耗与产物的形成图谱，与具体的反应条件很有关系，条件不同时，图谱会发生变化。如果要比较两种条件下的反应情况，必须将其他条件固定不变，否则难以分析。

4. 催化剂样品的制备

固体催化剂是催化剂中使用得较多的。一般催化活性组分由于可利用的表面积比较小，故常被做成负载型催化剂，将活性组分分散在载体上。制备时要求活性组分高度分散，即尽可能以最小的颗粒分散于载体之上。制备负载型催化剂的方法有很多，浸渍法是常用的一种方法。该方法的主要步骤是：①将活性组分的前驱物种制备成溶液，再将载体放入该溶液中浸渍，直到载体吸附饱和；②干燥。该过程常将载体吸附活性组分溶液之后于室温静置，烘箱烘干；③焙烧。在空气或氮气保护下加热到一定温度，使含活性组分的物质分解，剩余的是所希望的含活性组分的物质。所以该过程需要：①选定的含活性金属的物种需要在较低温度下可以分解；②催化剂焙烧温度一般尽可能低，否则催化剂的比表面损失大。但温度低需要满足：①将含活性金属的前驱物能完全分解或保证绝大部分分解；②一般比催化剂正常使用的温度稍高，但实验室对催化剂进行表征时不需要考虑该点。

三、实验步骤

1. 负载型催化剂的制备

先计算 M/Al_2O_3 负载型催化剂（其中含金属 M 的量为每 100g 0.2molM，M = Fe、Co、Ni）中需要的各物种的量。M 的前驱物均选择硝酸盐。

按照计量的量准确称量 M 的硝酸盐，加水使其刚好溶解，再加入准确称量的 $\gamma-Al_2O_3$（在称量之前需要在115℃下烘至少8h），搅拌，静置2h，若还有明显的液层，在水浴中不断搅拌蒸发，水浴的温度从室温缓慢升温，直至无明显水层。在室温下静置4h，再转移到烘箱，在115℃下烘至少8h，保存备用。

将上述制备的催化剂前驱物在马弗炉中于500℃下焙烧2h，可以设定如下升温程序：从120℃以5℃ · min^{-1}升温到500℃，再保持恒温2h，之后自然冷却到室温。

2. 苯的程序升温加氢

（1）在石英反应管中均装填0.20g催化剂（需先装填一定量的石英砂）。

（2）为控制苯蒸气在氢气中的含量，将装有液态苯的罐浸入低温槽，低温槽保持20.2℃，此时按照兰氏物理化学手册的计算值，混合气体中苯蒸气的含量为10%。

（3）催化剂的预处理。在氢气环境（30mL · min^{-1}）中，从120℃以5℃ · min升到指定的终温（分别为300℃、350℃、400℃、450℃、500℃），并在终温

保持30min，再自然冷却至120℃之下，待下一步处理。注意，保持处于氢气环境。

（4）苯的程序升温加氢。上述步骤之后，将氢气（$30mL \cdot min^{-1}$）切换，携带苯蒸气。连接质谱仪的进样管线，稍微稳定之后，开启质谱仪的扫描分析，根据可能的产物与反应物设定跟踪的碎片离子，开启分析的时刻需要记录。质谱仪稳定之后，即可以对反应炉进行程序升温。升温程序为从120℃以$5℃ \cdot min^{-1}$升到500℃即停止。升温过程需要记录质谱运行时刻与温度的关系。炉子升温停止之后，停止质谱仪扫描分析。将质谱仪数据导出，以作处理之用。

所做的样品除了经过上述预处理的之外，还要做一个不经过预处理的，即直接做苯的程序升温加氢。

四、数据整理与分析

1. 将质谱导出数据中质谱运行时间所对应的反应温度换算出来

2. 分析苯加氢可能的产物

只考虑苯加氢形成环己二烯、环己烯、环己烷，其他产物不予考虑。

分析：若有产物环己烷形成，根据环己烷的质谱，m/z = 56、84，则做m/z =56、84的碎片离子随温度的变化曲线图，应在同一温度出现峰（或信号强度增加），以此验证是否有环己烷形成。

类似地检查是否有环己烯和环己二烯的形成。

选定一种碎片离子代替该物种的形成，一般选用该物质中相对强度最大的分子离子来代替。

在有产物形成的时候，必有苯的消耗，那么m/z =78的碎片离子必有降低，以此可以验证是否发生反应。但如果反应程度很小，那么产物可以检测到，而反应物消耗的比例很低，不易判断是否有消耗。

做在同一催化剂（经过氢气处理，经过上述预处理之后）作用下环己二烯的形成曲线图。

做在同一催化剂（经过氢气处理，经过上述预处理之后）作用下环己烯的形成曲线图。

做在同一催化剂（经过氢气处理，经过上述预处理之后）作用下环己烷的形成曲线图。

做在同一催化剂（都不经过氢气处理，经过上述相同预处理）作用下环己烷的形成曲线图。

做在同一催化剂（都不经过氢气处理，经过上述相同预处理）作用下环己烯的形成曲线图。

做在同一催化剂（都不经过氢气处理，经过上述相同预处理）作用下环己二烯的形成曲线图。

3. 分析与讨论

分析：通过上述图中的曲线，分析差异。如有的催化剂上在较高温度预处理可以形成×××物质，而有的催化剂上是在较低温度预处理后可以形成×××物质等等。

讨论：形成这些差异的原因是什么，需要有针对性查阅文献。如对于镍催化剂，不经过预处理，苯加氢时没有环己烷产生；经过300℃氢气还原后，苯加氢时有环己烷产生。分析是什么原因导致了苯加氢产生了环己烷。可查阅相关文献，以文献上的相关知识来解释实验中产生环己烷的原因。

五、结论

通过上述分析与讨论，作一个简要总结。如在低温下，×××催化剂具有较好的催化苯加氢产生×××的性能，而在较高温度下，×××催化剂具有较好的催化苯产生×××的性能。

（朱全力提供）

实验十九　水处理中浸渍型 Cu 系固体催化剂的制备

一、实验目的

化工行业是现代工业的重要组成部分。现代化学工业中，有 80% 以上的化学反应使用催化剂，而且这一比例还在不断地增长。可见催化剂在现代化学工业中扮演着重要的角色。本实验通过制备固体催化剂，掌握催化反应的基本原理，掌握催化剂制备的实验研究方法。

二、实验原理

催化剂是一种能够改变化学反应的速度，却不改变化学反应热力学平衡位置，本身在化学反应中无明显消耗的化学物质。

催化作用是指催化剂对化学反应所产生的效应。在化学反应中，适宜的催化剂的加入能够改变化学反应历程，降低反应活化能，即催化剂的加入提供了使反应进行的低活化能的途径。反应物分子转变为活化分子所需要的能量是反应的活化能，按统计的观点，活化能是活化分子的平均能量与反应物分子的平均能量之差。在一定温度下，活化能越大的反应，其活化分子百分数越小，反应越慢；反之，活化能越小的反应，其活化分子百分数越大，反应越快。由此可见，使用适宜的催化剂能够降低反应活化能，增加活化分子百分含量，增加分子间有效碰撞频率，从而加快化学反应速度。

按照构成催化剂组分的多少，可以把催化剂分为单组分催化剂和多组分催化剂。按照催化剂活性组分的构成，可以把催化剂分为以下四大类：金属盐、金属/载体、氧化物/载体、复合氧化物/载体。

催化剂制备方法有沉淀法（包括共沉淀法、均匀沉淀法和超均匀沉淀法）、浸渍法（包括喷涂法、真空蒸发法）、沉淀浸渍法、混合法（包括干混法和湿混法）、凝胶法、溶胶法、凝胶溶胶法、沥滤法、离子交换法、均相络合催化剂的固体化法等，其中以沉淀法和浸渍法应用最为广泛。

本实验以过量浸渍法制备 Cu 系负载型催化剂。浸渍法是基于活性组分（包括助催化剂）以盐溶液形态在表面张力作用下浸渍到多孔性载体上面，并渗透到内表面的方法。这些金属或金属氧化物的盐类均匀地分布在载体的细孔里，经加热后，即得到高度分散的载体催化剂。因主组分、助催化剂及载体是在液相中混合的，故分布比较均匀。

用浸渍法制备催化剂，首先将载体置于含活性组分的溶液中浸泡，达浸渍平衡后将剩余液除去（或使用适当的液量，使溶液全部进入固体），再经干燥、煅烧、活化等步骤，即可制得催化剂。浸渍法是制备催化剂的最简单而且经济的方法，广泛被用于制备负载型催化剂，尤其是低含量的贵金属负载型催化剂。该法省去了过滤、成型等工序，还可选择合适的载体为催化剂提供所需要的物理结构（如比表面、孔径分布、机械强度等）。此外，该法制备催化剂可以使金属活性组分以尽可能细的形式铺展在载体表面，从而提高了活性组分的利用率、降低了使用量、减少了制备成本。

浸渍法按照浸渍液的使用量分为过量浸渍法和等体积浸渍法。过量浸渍法使用浸渍液的量超过载体的吸附量，而等体积浸渍法使用浸渍液的量恰好等于载体的吸附量，浸渍完成后浸渍液全部转移到了载体中。

浸渍法的影响因素主要有浸渍时间和浸渍液的浓度。一定时间范围内，浸渍时间越长，吸附到载体上活性组分的量越高，但是随着浸渍平衡点的到达，吸附与解吸达到动态平衡状态，所以实际操作中要选择适宜的浸渍时间。浸渍液的浓度越高，吸附的活性组分量也越高。

三、实验设备、实验材料与试剂

实验设备：电子精密天平 1 台、空气浴振荡器 1 个、电热鼓风干燥箱 1 个、高温箱式电炉 1 台、瓷坩埚 3 个、坩埚钳 1 个、100mL 小烧杯 2 个，小玻璃棒 2 根、滴管、透明的封口塑料、绑绳（皮圈）、白纸、剪刀、试样袋等。

实验材料与试剂：氧化铝载体、硝酸铜晶体。

四、实验步骤

方案设计→盐溶解→浸渍→洗涤分离→干燥→焙烧。

（1）方案设计。选取一定质量的催化剂载体，以固液质量比约 1∶3 浸渍（载体用量分别为 2g、3g、4g），其中浸渍液的浓度为 3wt% Cu。3wt% Cu 中溶质量的计算方法为：

$$\frac{3}{100}=\frac{63.546 \quad m}{241.599m+m_{H_2O}}$$

其中第1到14组的Cu（NO_3）$_2$·$3H_2O$和H_2O的总用量分别为6g、9g、12g；Cu（NO_3）$_2$·$3H_2$式量为241.599，Cu式量为63.546；m为Cu（NO_3）$_2$·$3H_2O$的用量，水的用量由Cu（NO_3）$_2$·$3H_2O$的用量m计算得出。

（2）盐溶液的配制及浸渍。按上述方案进行浸渍，于振荡器中在室温、中速振荡的条件下浸渍5h。

（3）催化剂的洗涤和分离。将浸渍好的催化剂用去离子水洗涤3次，沥干水分。

（4）干燥和焙烧。将催化剂放置在105℃的干燥器内空气气氛、常压下干燥8h，然后放入高温箱式电炉中，在450℃下焙烧3h，使其自然冷却后装袋放置在干燥器中备用。

五、实验结果整理

记录详细的方案设计过程，以及制备过程中催化剂的质量、形貌、颜色等的变化情况。

（注意：高温箱式电炉温度高，开炉后稍许，戴手套用坩埚钳取出装有催化剂的坩埚）

（张永利提供）

实验二十　化学修饰电极的制备及性能测试

化学修饰电极CME是由导体或半导体制作的电极，它是按人们的意图设计的，并赋予了电极某种预定的性质，如化学的、电化学的、光学的、电学的和传输性等。化学修饰电极自问世以来，由于具有独特的化学性能而引起了分析工作者的广泛研究兴趣。它是当前电化学方面十分活跃的研究领域，它的问世突破了传统电化学中只限于研究裸电极/电解液界面的范围，开创了化学状态上人为控制的电极表面结构的领域。通过对电极表面的分子剪裁，可按意图给电极预定功能以便在电极上有选择地进行所期望的反应，在分子水平上实现了电极功能的设计。

本实验要求学生通过文献查阅，了解化学修饰电极的发展及分析应用，掌握修饰电极的制备方法，并对其电化学性能进行评价。

一、实验目的

通过查阅文献资料，了解化学修饰电极的制备和分析应用进展，自行设计电极制备方案和性能测试方法。掌握一种修饰电极的制备方法。

（1）学习固体电极表面的处理方法及修饰电极的制备方法。

（2）了解循环伏安法的基本原理、特点和技术方法。

（3）掌握循环伏安法的实验技术和有关参数的测定方法。

二、实验原理

化学修饰电极的制备是化学修饰电极得以开展研究的关键性步骤。修饰方法的设计合理与否、操作步骤优劣程度对化学修饰电极的活性、稳定性和重现性有直接影响，因此化学修饰电极的制备是化学修饰电极研究和应用的基础。目前已经发展的制备化学修饰电极的方法主要有滴涂法、共价键合法、电化学法、吸附法和掺杂法等。

修饰电极性能的测试可采用循环伏安法来实现。通过电活性物质在裸电极和修饰电极上的循环伏安曲线的比较，可以对电极的修饰性能进行评价。

循环伏安法是最重要的电分析化学研究方法之一。循环伏安法就是将线性扫描电位扫到某电位 E_m 后，再回扫至原来的起始电位值 E_i，电位与时间的关系如图 1 所示。

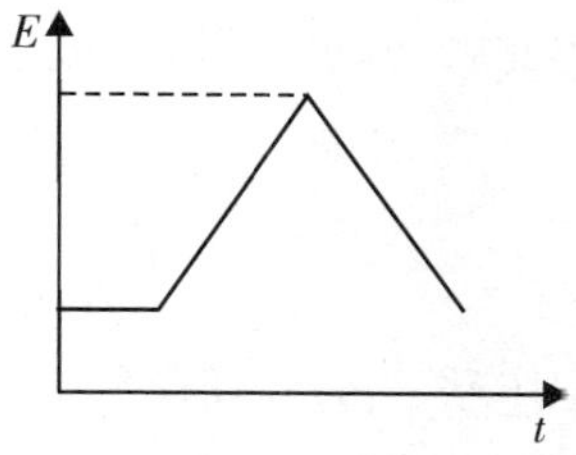

图 1　三角波扫描电压

在循环伏安法中，阳极峰电流 i_{pa}、阴极峰电流 i_{pc}、阳极峰电位 E_{pa}、阴极峰电位 E_{pc}是最重要的参数，对可逆电极过程来说，25℃时：

$$\Delta E = E_{pa} - E_{pc} = \frac{57 \sim 63}{n} mV \qquad \frac{i_{pa}}{i_{pc}} \approx 1 \text{（与扫描速度无关）}$$

正向扫描峰电流 $i_p = 2.96 \times 10^5 n^{3/2} A D^{1/2} v^{1/2} c$。

从 i_p 的表达式可知：i_p 与扫描速度的平方根呈线性关系。标准电极电势为 $E^o = \frac{E_{pa} + E_{pc}}{2}$。

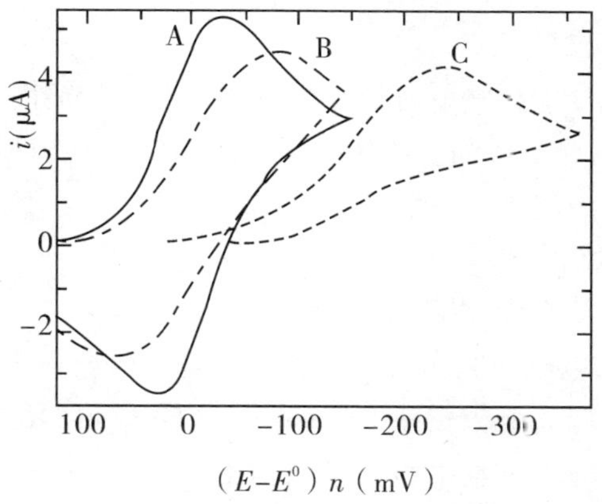

图 2　循环伏安曲线

准可逆过程的曲线形状与可逆程度有关，一般，$\Delta E_p > 59mV/n$，且 E_{pa}、E_{pc} 随扫描速度的增加而变化。i_{pa}/i_{pc} 可大于、等于或小于1，但均与扫描速度的平方根成正比。对于不可逆过程，反扫时没有峰，E_p 随扫描速度变化，i_p 仍与扫描速度的平方根成正比。

修饰电极表现出的特性主要是电活性物质氧化还原的峰电流、峰电位与裸电极相比会有较大的差异，利用此修饰电极可以完成电活性物质的定量测定。

三、仪器与试剂

仪器：RST5202 电化学工作站、pHS－3C 型 pH 计（上海雷磁仪器厂）、电子天平（上海精密科学仪器有限公司）、三电极系统以玻碳电极为工作电极、甘汞电极为参比电极、Pt 为辅助电极、KQ－300DE 型医用数控超声波清洗器（昆明市超声仪器有限公司）。

试剂：为了便于设计，建议以抗坏血酸、多巴胺、过氧化氢等为测试的电活性物质，其余药品试剂按照设计要求自行准备。Al_2O_3 粉末（分析纯），不同 pH 值的磷酸盐缓冲溶液（PBS）均用 0.1mol·L^{-1} Na_2HPO_4、0.1mol·$L^{-1}$$NaH_2PO_4$，浓硝酸、无水乙醇、0.5mol·$L^{-1}$的 H_2SO_4。其他试剂均为分析纯，实验用水为二次蒸馏水。

四、实验步骤

1. 工作电极预处理

玻碳电极先用小号金相砂纸将玻碳电极磨平滑，分别用 0.3μm 和 0.05μm 的 Al_2O_3 粉末在麂皮上抛光成镜面，再依次用二次蒸馏水、50% 的 HNO_3、50% 的乙醇及二次蒸馏水超声波洗涤。

2. 化学修饰电极的制备

可尝试采用电化学修饰、掺杂法修饰。

（1）电化学修饰电极的制作（以溴酚蓝修饰玻碳电极为例）。

将上述处理后的玻碳电极置于 0.5mol·L^{-1}的 H_2SO_4 溶液中，以饱和甘汞电极作参比电极、铂电极作辅助电极，设定初始电位为－0.8V，以 0.8V·s^{-1}的扫描速率，在－1.2～＋1.8V 电位区间循环扫描直至无峰。之后，把电极放在含有 1mmol·L^{-1}溴酚蓝、0.1mol·L^{-1}磷酸盐的缓冲溶液（pH＝5.6）中，以快速循

环伏安法循环扫描 20 周，然后取出电极，经去离子水淋洗电极表面，超声波洗涤，存放在 0.1mol · L^{-1}的磷酸盐缓冲溶液中备用。

（2）碳糊电极掺杂修饰电极的制备（以香蕉组织电极的制备为例）。

碳糊电极是利用导电性的石墨粉（颗粒度 0.02～0.01mm）与憎水性的黏合剂（如石蜡）混合制成糊状物，再将其涂在电极棒表面或填入电极管中而制成的一类电极。称取 2g 石墨粉加入 2mL 0.1mol · L^{-1} EDTA 溶液，加少量无水乙醇充分搅匀混合，在红外灯下烘干后加入液体石蜡（$m_{石蜡}$ ：$m_{石墨粉}$ =2：3）搅匀，同时不断研磨，充分混合至糊状，挤压填充到带有铜导线的处理过的空笔壳（长约 6cm 直径约 5mm）中，压实之后将做好的电极表面在称量纸上磨平，抛光，即得到 EDTA 修饰碳糊电极（EDTA/CPE），放置干燥器中保存待用。使用前将其浸泡在 0.1mol · L^{-1} HNO_3溶液中 1min，在底液（KCl 溶液）中浸泡 15min，以缩短电极达到稳定的时间。

参照碳糊电极制作方法，按照香蕉组织：碳糊 =1：10 比例制作碳糊裸电极和香蕉组织修饰电极各 1 支。

3. 电极的循环伏安行为（以抗坏血酸电活性物质为例）

以玻碳电极为工作电极，甘汞电极为参比电极，铂为辅助电极测定抗坏血酸。把电极放在含有 0.10g · L^{-1}抗坏血酸溶液、0.1mol · L^{-1}磷酸盐缓冲溶液（pH =5.6）中，利用循环伏安法在 -1.0 ～ +1.0V 之间测定抗坏血酸的化学行为。再用溴酚蓝修饰玻碳电极为工作电极，甘汞电极为参比电极，铂为辅助电极测定抗坏血酸，保存实验数据。对比抗坏血酸在玻碳电极修饰前后的电化学行为。

4. 底液 pH 对抗坏血酸电化学行为的影响

介质的 pH 值对峰电流和峰电位均有一定影响。在 -1.2 ～ +1.8V 的电位窗口内以 100mV · s^{-1}扫描速度、分别以 pH =3 ～11 的 PBS 缓冲溶液为支持电解质、以上述溴酚蓝修饰的玻碳电极测定抗坏血酸在 PBS 溶液中的伏安扫描曲线。保存实验数据，并做出峰电流随溶液 pH 值变化的 pH $- i_p$ 图，确定最佳 pH。

5. 电极反应机理的探索

（1）扫描速度的影响。

在以最佳 pH 的 PBS 缓冲溶液为支持电解质，在 -1.2 ～ +1.8V 的电位窗口内分别以 0.1V · s^{-1}、0.2V · s^{-1}、0.3V · s^{-1}、0.4V · s^{-1}、0.5V · s^{-1}、0.6V · s^{-1}、0.7V · s^{-1}、0.8V · s^{-1}的扫描速率，以上述溴酚蓝修饰的玻碳电极测定 VC 在 PBS 溶液中的伏安扫描曲线。绘制 $i_p - V^{1/2}$（或 $i_p - V$）的关系曲线，判断电极过程。

(2) 连续循环扫描的影响。

固定扫描速率，分别以 5 圈、10 圈、20 圈的扫描循环次数，以上述溴酚蓝修饰的玻碳电极测定维生素在 PBS 溶液中的伏安扫描曲线。分析比较不同的扫描循环次数下，抗坏血酸溶液循环伏安曲线。判断电活性物质在电极表面是否有吸附行为。

6. 标准曲线的绘制

准确配制一系列浓度的维生素 C 标准溶液，按上述选定的最佳实验条件，以溴酚蓝修饰玻碳电极为工作电极、甘汞电极为参比电极、铂为辅助电极测定其快速循环伏安扫描峰电流，并绘制 $i_p - C$ 曲线。

五、结果与讨论

将上述实验有关条件优化，并将实验数据以图表文字形式整理成论文。

（任乃林提供）

实验二十一　化学发光体系的开发及应用

化学发光是指某些化学反应中发出可见光的现象。其发光机理是反应体系中的某些物质分子，如反应物、中间体或者荧光物质的电子吸收了反应释放的化学能而由基态跃迁至激发态，然后再从激发态返回基态，同时将能量以光辐射的形式释放出来，产生化学发光。由此可见，化学发光是由化学反应激发物质所产生的光辐射，基于这一现象进行分析的方法称为化学发光分析法（Chemiluminescence Analysis）。

流动注射技术对研究快速发光反应具有优势。研究发现喹诺酮类药物具有共轭结构，且具有很强的荧光。当喹诺酮类药物与某一弱的化学发光体系混合时，原本微弱的化学发光信号被明显加强，起到较强的增敏作用；且体系中标准试样或待测样品与发光信号呈现一定的线性关系，在此基础上结合流动注射分析技术对发光信号进行分析，从而获得测定喹诺酮类药物的流动注射—化学发光测定法。目前常见的主要发光体系有：Ce(Ⅳ) - SO_3^{2-}、Tb^{3+} - Ce(Ⅳ) - SO_3^{2-}、luminol - KIO_4 - Co^{2+}、luminol - H_2O_2 - Cr^{3+}以及 $KMnO_4$ - NaOH 等。金属离子对体系发光具有明显的影响。

通过本实验，要求学生通过文献查阅，了解化学发光法的发展及分析应用，掌握流动注射化学发光法的实验技术。在微弱发光体系基础上，借助喹诺酮类药物和金属离子的配位作用，发现新的发光体系，并通过实验对其应用进行探索和评价。

一、实验目的

（1）通过查阅文献资料，了解化学发光法的发展及分析应用，在微弱发光体系基础上，借助喹诺酮类药物和金属离子的配位作用，发现新的发光体系。

（2）掌握流动注射化学发光法的基本原理、特点。

（3）掌握流动注射化学发光法的实验技术和实验条件的优化。

（4）了解科学研究的基本过程，学会论文的初步撰写方法。

二、仪器和试剂

仪器：MPI－A/B 型多参数化学发光分析测试系统（西安瑞迈电子科技有限公司）、IFFL－E 型流动注射化学发光分析仪（西安瑞迈电子科技有限公司）、IFFM－E 型多功能化学发光检测器（西安瑞迈电子科技有限公司）。

试剂：依诺沙星、洛美沙星、氟罗沙星、诺氟沙星、氧氟沙星（化学对照品，中国药品生物制品鉴定所提供）标准储备液（1.0×10^{-3} g·L^{-1}）；Ce（Ⅳ）储备液：准确称取 1.0108g $Ce(SO_4)_2\cdot4H_2O$，加入适量硫酸溶解，定容，配制成 1.0×10^{-2} mol·L^{-1}；Na_2SO_3储备液：1.0×10^{-2}mol·L^{-1}（每天新配制）；金属离子标准液（1mg·mL^{-1}）；实验用水为二次蒸馏水。

三、实验方法

流动注射化学发光反应装置如下图所示，混合后进入发光池产生化学发光反应，记录化学发光信号，以相对化学发光强度定量。

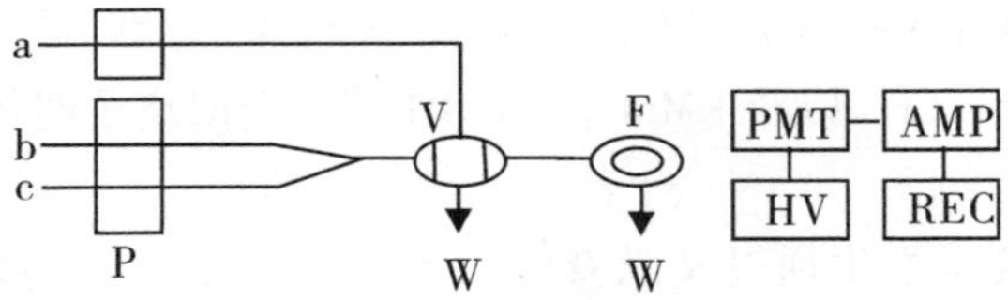

流动注射化学发光分析仪流路图

P：蠕动泵；V：六通阀；F：流通池；PMT：光电倍增管；AMP：放大器；REC：记录仪；HV：负高压；W：废液；a. Na_2SO_3 溶液（2×10^{-4} mol·L^{-1}）；b. 样品溶液；c. Ce^{4+}（6×10^{-4} mol·L^{-1}）和金属离子混合溶液

四、实验步骤

1. 发光体系的选择和仪器参数的优化

（1）仪器参数的优化。

选择传统的 Ce（Ⅳ）－SO_3^{2-} 诺氟沙星体系，研究仪器参数变化，观测发光信号变化，做图确定最佳仪器参数。包括主泵参数、副泵参数、流速、时间、进样阀方向、光电管负高压等参数的影响。

（2）实验条件的优化。

①增敏剂及浓度的选择。选择稀土和诺氟沙星作为 Ce（Ⅳ）-Na_2SO_3和弱发光体系的增敏剂。研究其浓度变化对发光强度的影响。

②Ce（Ⅳ）浓度和 Na_2SO_3溶液浓度的优化。固定诺氟沙星浓度，单因素法研究 Ce（Ⅳ）浓度对发光强度的影响和Na_2SO_3溶液浓度对发光强度的影响。

③金属离子浓度的影响。

通过添加金属离子探索其对发光的影响。

（3）线性范围、精密度和检出限的测定。在选定的最佳实验条件下，确定诺氟沙星的浓度与化学发光强度的线性范围、三个不同浓度系列的精密度及检出限。

（4）样品分析及回收率。

准确称量 0.1g 诺氟沙星胶囊的药粉，加入适量 $1\times10^{-4}mol\cdot L^{-1}$ HCl 溶液使之溶解，过滤，洗涤，于 100mL 容量瓶中定容，测定时稀释至适当浓度。在最佳工作条件下，用工作曲线法进行测定，并进行加标回收实验，测定结果及回收率用表格表示。

2. 新发光体系的探索

按照上述实验方法，开发新的发光体系，总结并撰写论文。

五、结果与讨论

（1）将上述实验有关条件优化，并将实验数据以图表文字形式整理成完整的实验报告。

（2）按照（1）的方法将新发光体系的探究结果整理成研究论文。

（3）查阅文献设计发光机理研究方案。

（任乃林提供）

实验二十二　亲核取代反应过渡态计算

一、实验目的

（1）学习和掌握用量子化学计算的方法来确定有机反应过渡态和反应的活化能。

（2）通过实验进一步认识双分子亲核取代反应的机理。

二、实验原理

亲核取代反应是一类重要的有机化学反应，反应底物 R－L 中带有正电或部分正电的碳原子受到带有负电或部分负电的亲核试剂（Nu）进攻，基团 L 被 Nu 取代，生成 R－Nu：

$$R-L + Nu^- \longrightarrow R-Nu + L^-$$

按照其机理又可以分为单分子亲核取代反应（S_N1）和双分子亲核取代反应（S_N2）两种。S_N1 反应分两步进行，第一步是先生成碳正离子中间体，第二步是亲核试剂与中间体进行反应生成最后的产物（图 1）。S_N2 反应是一步反应，亲核试剂从离去基团的背面进攻底物，同时离去基团离去，旧键的断裂和新键的生成同时进行，中间需要经过一个能量最高点——过渡态（图 2、图 3）。

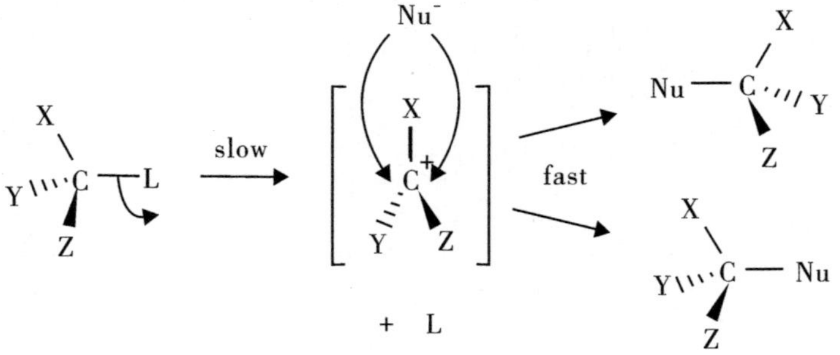

图 1　单分子亲核取代反应（S_N1）

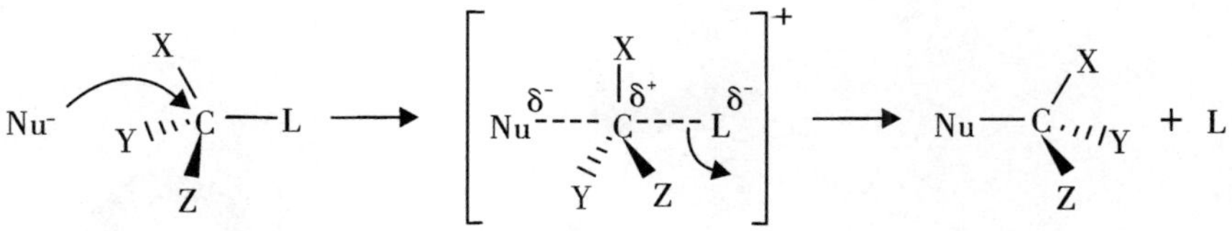

图2　双分子亲核取代反应（S_N2）

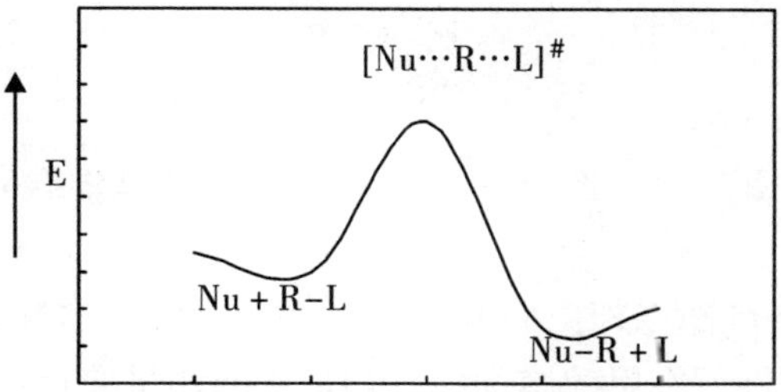

图3　S_N2 反应能量变化曲线

本实验将根据过渡态理论，研究氯甲烷（CH_3-Cl）与 Br^- 的双分子亲核取代反应。一般认为，亲核试剂 Br^- 与底物反应之前先结合生成反应物络合物 $[Cl-CH_3\cdots Br]^-$，反应经过过渡态 $[Cl\cdots CH_3\cdots Br]^{-\#}$，再生成产物络合物 $[Cl\cdots CH_3-Br]^-$，然后形成自由的产物（图4）。过渡态 $[Cl\cdots CH_3\cdots Br]^{-\#}$ 的结构见图5。

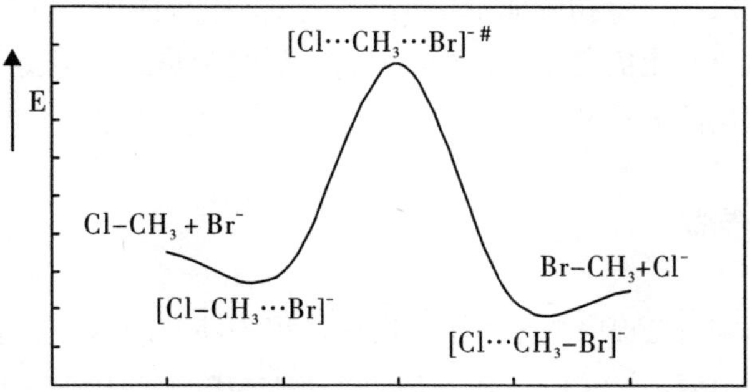

图4　取代反应 $CH_3-Cl + Br^- \longrightarrow CH_3-Br + Cl^-$ 的能量变化过程

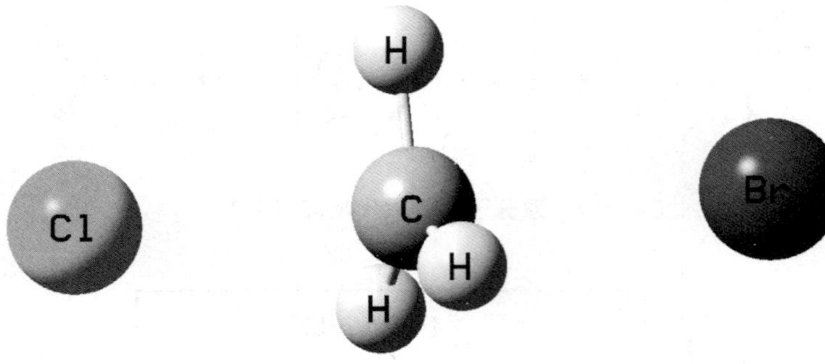

图5　过渡态 $[Cl\cdots CH_3\cdots Br]^{-\#}$的三角双锥结构

本实验将采用密度泛函理论的 B3LYP 方法，在 6－31＋g（d，p）的基组水平上，计算 298K 条件下在甲醇溶剂中下列过程的能量变化：

$$CH_3-Cl+Br^- \xrightarrow{\Delta E_1} [Cl-CH_3\cdots Br]^-$$

$$[Cl-CH_3\cdots Br]^- \xrightarrow{\Delta E_2} [Cl\cdots CH_3\cdots Br]^{-\#}$$

$$[Cl\cdots CH_3\cdots Br]^{-\#} \xrightarrow{\Delta E_3} [Cl\cdots CH_3-Br]^-$$

$$[Cl\cdots CH_3-Br]^- \xrightarrow{\Delta E_4} [CH_3-Br+Cl^-]$$

其中，ΔE_1表示自由的反应底物 CH_3-Cl 与溴离子结合生成反应络合物的能量变化，ΔE_2表示反应物络合物到反应过渡态的能量变化，ΔE_3表示反应过渡态的能量变化到生成物络合物的能量变化，ΔE_4表示生成物络合物到自由的生成物 CH_3-Br 和氯离子的能量变化；并在此基础上计算反应总的能量变化 $\Delta E^{总}$及正反应和逆反应的活化能 $Ea^{正}$和 $Ea^{逆}$。

三、实验步骤

（1）在 GaussView 程序中分别输入反应过程中涉及的六种反应物质 CH_3-Cl、Br^-、$[Cl-CH_3\cdots Br]^-$、$[Cl\cdots CH_3-Br]^-$、CH_3-Br、Cl^-的结构，选用甲醇为溶剂，生成在 b3lyp/6－31＋g（d，p）水平上进行结构优化的任务文件(＊. gjf,文件名可分别命名为 Me－Cl. gjf、Br－. gjf、rtn－cplx. gjf、prd－cplx. gjf、Me－Br. gjf 和 Cl－. gjf)。

（2）在 Gaussian 09 程序上运行以上六个任务文件，从输出的文件（＊. out）

中分别读取各物种的电子能量 E（单位为 Hartree），填入表 1 中。

（3）从 Gaussview 程序中读出反应物络合物和生成物络合物的几何坐标（rtn - cplx. out，prd - cplx. out），以它们作为反应物和生成物，生成寻找过渡态的任务文件（Cl - Me - Br - TS. gjf）［#T b3lyp/6 - 31 + g（d，p）Opt = QST2 geom = connectivity］。

（4）在 Gaussian 09 程序中运行以上文件，并在输出文件读出电子能量填入表 1 中，并通过 Gaussview 程序观察和确认生成的过渡态结构。

（5）计算各步反应的能量变化 ΔE_1、ΔE_2、ΔE_3、ΔE_4，以及 $\Delta E^{总}$、$Ea^{正}$ 和 $Ea^{逆}$［采用公式 $\Delta E = \Sigma E$（生成物） - ΣE（反应物）×627.51，单位为 kcal · mol^{-1}］，并将结果填入表 2 中。

四、实验结果

（1）根据计算结果完成表 1 和表 2。

表 1　参与反应的各物种的能量［b3lyp/6 - 31g（d，p），甲醇中］

参与反应的物种	E（Hartree）
$CH_3 - Cl$	
Br^-	
$[Cl - CH_3 \cdots Br]^-$	
$[Cl \cdots CH_3 \cdots Br]^{-\#}$	
$[Cl \cdots CH_3 - Br]^-$	
$CH_3 - Br$	
Cl^-	

表 2　反应中各过程的能量变化

反应过程	ΔE（kcal · mol^{-1}）
$CH_3 - Cl + Br^- \longrightarrow [Cl - CH_3 \cdots Br]^-$，$\Delta E_1$	
$[Cl - CH_3 \cdots Br]^- \longrightarrow [Cl \cdots CH_3 \cdots Br]^{-\#}$，$\Delta E_2$	
$[Cl \cdots CH_3 \cdots Br]^{-\#} \longrightarrow [Cl \cdots CH_3 - Br]^-$，$\Delta E_3$	
$[Cl \cdots CH_3 - Br]^- \longrightarrow CH_3 - Br + Cl^-$，$\Delta E_4$	

（续上表）

反应过程	ΔE（kcal/mol）
$CH_3-Cl + Br^- \longrightarrow CH_3-Br + Cl^-$，$\Delta E^{总}$	
$CH_3-Cl + Br^- \longrightarrow [Cl\cdots CH_3\cdots Br]^{-\#}$，$\Delta E^{正}$	
$CH_3-Br + Cl^- \longrightarrow [Cl\cdots CH_3\cdots Br]^{-\#}$，$\Delta E^{逆}$	

（2）利用表1数据重新绘制图4表示反应 $CH_3-Cl + Br^- \longrightarrow CH_3-Br + Cl^-$ 的能量变化过程。

五、思考题

如果将亲核试剂改为 OH^-，如何计算反应 $CH_3-Cl + OH^- \longrightarrow CH_3-OH + Cl^-$ 的活化能和能量变化？

（邱永革提供）

实验二十三　简单纸芯片检测食品、环境中的有毒污染物

一、实验目的

（1）掌握纸芯片的加工技术、原理与方法。
（2）了解纸芯片用于分析实践的原理与操作。
（3）掌握纸芯片与传统分析技术的区别、优势与局限。
（4）训练学生阅读文献、拟定实验方案、论文写作等的能力。
（5）掌握 ImageJ 软件读取灰度值的方法。

二、纸芯片技术简介

纸芯片技术由哈佛大学 Whitesides 研究组首次提出，通过在用于纸层析的滤纸上加工疏水墙，使亲水性流体在受限制的通道内流动、反应并且对其加之检测。其检测方式一般通过显色反应使检测区域呈不同颜色，拍照后用软件提取灰度值，根据灰度值与浓度的关系确定分析物含量。纸芯片具有加工简单、容易操作、样品和试剂消耗少、价格低廉和便携化等优点，在食品分析、环境分析等领域有广阔的应用前景。

三、学生培养、训练指导方案

（1）学生选好实验一周后，召集学生讨论，了解学生的兴趣、想法；向学生介绍本实验的相关注意事项、要求、实验评分等。

（2）指导教师提供电子版参考文献约十篇（含中文和英文文献），学生在规定的期限内（三周）阅读完文献并写出文献报告，根据自己的测定选项进行小组讨论初步拟定实验方案。方案和文献报告发送电子版给指导教师审核。

（3）指导教师再次召集所有学生，详细介绍纸芯片分析技术（学生已阅读过参考文献），包括加工方法、原理、应用等（花两个课时左右）。与学生讨论、

修改实验方案。

（4）学生在教师指导下完成实验。

（5）学生整理实验结果，写成学术论文。

（6）指导教师提出建议，学生重新修改或补做相关实验，完善实验数据。

四、拟提供测定选项

（1）环境水样中重金属污染物的测定（如镉、汞、铅等）。

（2）环境水样中有机污染物的测定（如苯酚、硝基苯等）。

（3）蔬菜样品中有毒物的测定（如亚硝酸盐、硝酸盐等）。

（4）蔬菜、茶叶等样品中重金属的测定（自拟测定分析物）。

（5）奶粉中有毒物的测定（自拟测定分析物）。

（6）饮料中有毒物的测定（自拟测定分析物）。

五、实验仪器

YH－946B 微电脑控制恒温加热板（广州市谊华电子设备有限公司）、打印机（HP LaserJet 1020plus）、市售蜡笔、移液器（上海康敏检验设备有限公司）。

六、实验参考步骤

（1）文献阅读与查阅：学生根据所选题目阅读并查阅相关参考文献，选择合适的显色反应作为检测体系。

（2）芯片设计与加工：设计纸芯片构型，选择一种合适的加工技术完成纸芯片的加工。

（3）试剂配制。

（4）条件优化：包括芯片构型、试剂种类、浓度、反应温度、时间等条件的优化和选择。

（5）样品处理：根据样品种类选择合适的处理方法。

（6）样品分析：反应后对芯片检测区域拍照，用 ImageJ 软件处理图片，提取检测区域灰度值，根据灰度值与浓度的关系测定样品中分析物的含量。

（7）对照实验：与标准方法进行对比，考察分析方法的可靠性。

（8）论文写作：将实验结果整理成学术论文并投稿。

七、参考文献

1. Martinez A. W., Phillips S. T., Butte M. J., Whitesides G. M. *Angew. Chem. Int. Ed.*, 2007 (46): 1318 ~ 1320.

2. Lu Y., Shi W. W., Jiang L., Qin J. H., Lin B. C. *Electrophoresis*, 2009 (30): 1497 ~ 1500.

3. Martinez A. W., Phillips S. T., Whitesides G. M., Carrilho E. *Anal. Chem.* 2010 (82): 3 ~ 10.

4. Klasner S. A., Price A. K., Hoeman K. W., Wilson R. S., Bell K. J., Culbertson C. T. *Anal. Bioanal. Chem.*, 2010 (397): 1821 ~ 1829.

5. Dungchai W., Chailapakul O., Henry C. S. *Anal. Chim. Acta.* 2010 (674): 227 ~ 233.

6. Jokerst J. C., Adkins J. A., Bisha B., Mentele M. M., Goodridge L. D., Henry C. S. *Anal. Chem.* 2012 (84): 2900 ~ 2907.

7. Cai L. F., Wu Y. Y., Xu C. X., Chen Z. F. *J. Chem. Educ.* 2013 (90): 232 ~ 234.

（蔡龙飞提供）

实验二十四　高效液相色谱法测定饮料中咖啡因含量

一、实验目的

（1）了解高效液相色谱法测定咖啡因的基本原理。
（2）掌握高效液相色谱仪的操作。
（3）掌握高效液相色谱法进行定性及定量的基本方法。
（4）掌握标准曲线定量法。

二、实验原理

咖啡因又称咖啡碱，属黄嘌呤衍生物，化学名称 1，3，7 - 三甲基黄嘌呤，是可由茶叶或咖啡中提取而得的一种生物碱。它能兴奋大脑皮层，使人精神兴奋。咖啡中含咖啡因 1.2% ~1.8%，茶叶约含 2.0% ~4.7%。可乐、APC 药片中均含有咖啡因。其分子式为 $C_8H_{10}O_2N_4$，分子结构式：

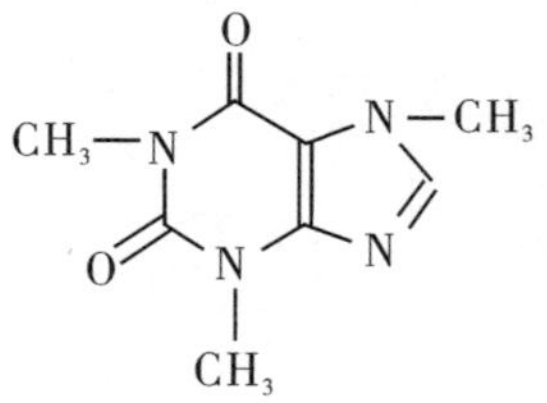

用反相高效液相色谱法将饮料中的咖啡因与其他组分（如单宁酸、咖啡酸、蔗糖等）分离后，将已配制的浓度不同的咖啡因标准溶液注入色谱系统，以 DAD 检测器进行检测。在整个实验过程中，流动相流速和泵的压力是恒定的，测定他们在色谱图上的保留时间和峰面积后，可直接用保留时间定性，用峰面积作为定量测定的参数，采用工作曲线法（即外标法）测定饮料中的咖啡因含量。

三、仪器和试剂

仪器：Agilent 1260 高效液相色谱仪（DAD 检测器，chemstation 工作站）；色谱柱（C_{18}）：4.6mm × 150mm、粒径 5μm；平头微量进样器：20μL。

试剂：（1）咖啡因（A. R.）、甲醇（色谱纯）、超纯水、可口可乐（瓶装）、雀巢咖啡。（2）1 000μg · mL^{-1}咖啡因储备液：将咖啡因在 110℃下烘干 1h，准确称取 0.100g 咖啡因，用超纯水溶解，转移至 100mL 容量瓶中，定容至刻度，待用。

四、实验内容

1. 色谱条件的确定

柱温：室温；流动相：甲醇/水 = 60 ∶ 40（需按实际情况摸索确定）；流速：1.0mL · min^{-1}；检测波长：275nm（需按实际情况摸索确定）。

2. 咖啡因标准系列溶液配制

分别用吸量管吸取 1 000μg · mL^{-1} 咖啡因储备液 1.0mL、2.0mL、3.0mL、4.0mL、5.0mL 于 5 只 50mL 容量瓶中，用超纯水定容至刻度，浓度分别为 20μg · mL^{-1}、40μg · mL^{-1}、60μg · mL^{-1}、80μg · mL^{-1}、100 μg · mL^{-1}。

3. 样品前处理

（1）将 25mL 可口可乐置于 100mL 烧杯中，剧烈搅拌 30min 或用超声波脱气 5min，以赶净二氧化碳。

（2）准确称取咖啡 0.04g，用 90℃超纯水溶解，冷却后定容至 50mL。

（3）将 2 份样品溶液分别进行干过滤（即用干漏斗、干滤纸过滤），弃去前过滤液，取续滤液，待用。

（4）分别取 5mL 可乐、咖啡溶液用 0.45μm 的滤膜过滤后备用。

4. 绘制工作曲线

待液相色谱仪基线平直后，分别注入咖啡因标准系列溶液 10μL，重复两次，要求两次所得的咖啡因色谱峰面积基本一致，记下峰面积与保留时间。

5. 样品测定

分别注入样品溶液 10μL，根据保留时间确定样品中咖啡因色谱峰的位置，重复两次，记下咖啡因色谱峰峰面积。

五、结果处理

（1）确定标准样咖啡因和样品中咖啡因的保留时间及记录不同浓度条件下其峰面积。

（2）根据咖啡因标准系列溶液的色谱图，绘制咖啡因峰面积与其浓度的关系曲线。

（3）根据样品中咖啡因色谱峰的峰面积，由工作曲线计算可口可乐、咖啡中咖啡因含量（分别用 $\mu g \cdot mL^{-1}$和 $mg \cdot g^{-1}$表示）。

六、注意事项

（1）液体样品必须经过处理，不能直接进样，该处理虽然操作简单，但会影响色谱柱的寿命。

（2）不同牌号的茶叶、咖啡中咖啡因含量不大相同，称取样品可酌量增减。

（3）为获得良好结果，样品和标准溶液的进样量要严格保持一致。

七、思考题

（1）用标准曲线法的优缺点是什么？

（2）解释用反相色谱柱测定咖啡因的理论基础。

（3）在样品干过滤时，为什么要弃去前过滤液？这样做会不会影响实验结果？为什么？

（许丽丽提供）

实验二十五　中学化学实验设计与改进

一、实验目的

（1）运用所学化学知识和技能，对原中学课本的实验原理、装置、药品、步骤和方法等进行重新设计与改进，以求更好的教学效果。

（2）体会微型实验、手持技术实验的优势。

二、实验仪器

中学化学实验常规仪器、湛江师范学院 ML－1 成套微型仪器、江苏艾迪生教育发展有限公司成套数字化探究实验系统。

三、实验要求

1. 自主选题

我国地大物博，区域差异大；中学课本实验不一定最优，可能因仪器、药品缺乏而无法开展。这就要求实地调查，针对某实验装置是否合理，仪器药品是否可替代，用量及操作方法是否得当来决定选择什么问题作为研究对象。

2. 查阅文献

选题是否有意义，可通过查阅文献来判断，查阅的过程其实就是学习的过程。若文献中有同类问题，便可直接借鉴；若虽然有但角度不同或根本就没有，那选题就有继续研究下去的必要。

3. 设计方案

设计方案要征询指导教师意见，从实验室可提供的药品、经费及自身能力、水平来综合考虑，方案要体现科学性、安全性。

4. 方案实施

首先，根据设计方案准备仪器、药品并组装相应仪器装置；其次，按设计方案进行单因素或正交实验，寻找最优条件，观察和记录实验结果，对关键的试验要反复做，发现并改进方案的不足；再次，对实验结果进行整理、加工和分析研究，得出理性结论。

5. 论文撰写与投稿

标题不超过20个字，概括全文；正文要有引言、实验原理、实验装置与药品、操作过程、现象或数据分析、结论、安全事项、参考文献等内容；全文言简意赅，能用图表说明就不用文字；根据自己工作特色选好刊物，在网上提交即可。

（袁明华提供）